海坛英彦

——共和国解放勋章获得者吴兆英传

冯秉瑞 著

海峡出版发行集团

海峡文艺出版社

图书在版编目(CIP)数据

海坛英彦:共和国解放勋章获得者吴兆英传/冯秉瑞著.—福州:海峡文艺出版社,2023.10
ISBN 978-7-5550-3487-2

Ⅰ.①海⋯　Ⅱ.①冯⋯　Ⅲ.①吴兆英—传记
Ⅳ.①K825.2

中国国家版本馆 CIP 数据核字(2023)第 190092 号

海坛英彦——共和国解放勋章获得者吴兆英传

冯秉瑞　著
出　版　人　林　滨
责任编辑　郑咏枫
出版发行　海峡文艺出版社
经　　销　福建新华发行(集团)有限责任公司
社　　址　福州市东水路 76 号 14 层
发 行 部　0591－87536797
印　　刷　福州力人彩印有限公司
厂　　址　福州市晋安区新店镇健康村西庄 580 号 9 栋
开　　本　720 毫米×1010 毫米　1/16
字　　数　150 千字
印　　张　11.25　　　　　　　　　插页　8
版　　次　2023 年 10 月第 1 版
印　　次　2023 年 10 月第 1 次印刷
书　　号　ISBN 978-7-5550-3487-2
定　　价　58.00 元

两袖清风存正气
一腔热血写春秋

贺海坛美彦云版

游德馨

◎ 原福建省政协主席、党组书记游德馨题词

中華人民共和國
三级解放勋章

◎ 1957 年 6 月 18 日，吴兆英荣获国务院颁发的三级解放勋章

◎ 中国国防报光荣榜名单（1998 年 7 月 24 日第四版）

◎ 1954 年 4 月 30 日，吴兆英授大尉军衔

◎ 1965 年 8 月 1 日，吴兆英（第一排左三）参加连江县社会主义教育活动合影

◎ 1983 年 1 月，吴兆英（第一排左六）与莆田医药分公司
第二期中药培训班学员合影

◎ 1984 年 5 月 5 日，纪念平潭游击支队解放平潭 35 周年合影
（第一排左三为吴兆英）

◎ 平潭中正堂旧址。1949 年 5 月 5 日至 6 日，平潭人民游击支队奇袭中正堂，取得胜利，成为平潭第一次解放的重要标志。

◎ 1992 年 10 月 14 日，参加平潭 80 周年县庆的老战士合影（第一排左四为吴兆英）

◎ 1997 年 8 月 1 日，平潭县 1952 年前参军的老战士纪念建军 70 周年合影
（第一排左七为吴兆英）

◎ 1999 年 8 月 16 日，纪念长乐市解放 50 周年老战士合影（第一排左八为吴兆英）

◎ 2001 年 7 月 1 日，建党 80 周年平潭县离休老干部党支部合影
（第一排左六为吴兆英）

◎ 吴兆英晚年留影

◎吴兆英、林瑞英夫妇合影

◎ 1971 年 10 月，吴兆英全家合影

◎ 吴兆英夫妇与吴兆英的姐妹、弟弟等合影

◎ 吴兆英在昆明与弟弟吴兆莹全家合影

◎吴兆英、林瑞英夫妇在自建厝前合影

◎ 1995 年春节，吴兆英全家合影

◎ 2019年10月19日，林瑞英九十六寿辰阖家团圆留影

◎ 2023年4月26日，作者冯秉瑞（第一排左五）采访
老游击队员吴章灿（第一排左四）

一腔热血写春秋

⊙ 杨际岚

两袖清风存正气，

一腔热血写春秋。

联句，出自革命老前辈游德馨之手；

书赠共和国解放勋章获得者吴兆英的后人；

时为乙亥年小雪。

游德馨，第七、八届福建省政协主席。这位九旬老人，此前于2019年5月，在纪念平潭人民游击支队解放平潭七十周年大会上，即席发言，慷慨陈词。游老十分动情地说："我要向平潭老游击队员表示衷心的感谢！"他盛赞吴兆英面对危难，挺身而出，冒死谏诤，从枪口下拼力挽救战友生命，守护平潭游击队的希望。复述游老的原话，这是"冒着头要断的危险"，"像这样的共产党人确实是完完全全没有他个人"。

此番肺腑之言，闻者无不为之动容！

游老的话语，引起人们的共鸣。把我们带回当年腥风血雨的峥嵘岁月。

七十多年前，第三次国内革命战争如火如荼地进行。在错综复杂的形势下，出现了"城工部"冤案。包括平潭籍地下党人曾焕乾、陈书琴等在内的一百多名城工部领导人和骨干成员，无辜被杀。张纬荣系平潭、福清两地城工部负责人，时任平潭人民游击支队政治主任（政委），也受到牵累，危在旦夕。吴兆英不顾自身安危，主动请缨，携战友高名山，前去向闽中党组织陈情。此前已有其他战友申辩不成反被杀害的先例。明知此行凶多吉少，吴兆英却将个人生死置之度外，经据理力争，终于为平潭游击队赢得转危为安的生机。"夜袭中正堂"的枪声，划破黎明前的黑暗。解放战争时期，第一个依靠地方武装自身力量成立的县级人民政权，巍然屹立于东海之滨。《海坛英彦》的相关描述扣人心弦。

沧海横流，方显英雄本色。风雨人生数十载，道阻且长，荆棘丛生。总有那么些紧要处，需要断然作出抉择。吴兆英毫不退缩，选择了担当！该书代后记吴兆英子女回忆文章里，也叙写了这段往事。相距数十年之后，母亲的追忆，或许显得风轻云淡，但儿女们耳闻父辈早年壮举，依旧心绪难平。那年，临行前，父亲与母亲有过郑重的告别。此行风险极大，充满变数，倘若不能说服闽中党组织领导人，不仅救不了张纬荣，自己能否安全返回平潭都难以预测。父亲如实告知险情，好让母亲预作思想准备。仿若生离死别！命悬一线的危难，无异于淬炼革命信仰的试金石。这样的场景，今天回想起来，依然让人惊心动魄，也成了吴兆英人生历程的高光时刻。

这样的抉择，还有许多。游老说的"完完全全没有他个人"，同样表现在为了筹集游击队活动经费，吴兆英劝说其父亲变卖家产，动员亲属变卖财物。吴兆英后来在《自传》里表明，当年，将家中的盐田、渔网、店铺、货品等相继卖掉献给革命。为了推翻"三座大山"，让劳苦大众翻身得解放，革命前辈们尽忠报国，舍小家，为大家，"我以我血荐轩辕"。歼敌，支前，剿匪……在严峻的对敌斗争中，吴兆英出生入死，始终站在第一线。共和国解放勋章，吴兆英受之无愧。1964 年，他转业地方工作，先后在平潭县人民政府和莆田地区工业品二级站、地区盐场、地区医药分公司等担任领导职务。1987 年 65 岁离休后还连续担任两届平潭县离退休干部党支部书记。无论岗位和职责如何变迁，他始终秉承初心，竭诚服务民生，清清白白做人，兢兢业业履职，共产党人本色矢志不渝。

"两袖清风存正气，一腔热血写春秋"，堪称吴兆英生平的绝佳写照。在长辈的言传身教下，吴家八位兄弟姐妹一个个健康成长，全都成为共产党员。吴兆英曾庄重告诫子女："既然入了党，来不得半心半意；为党奋斗终身，就应该做到完全彻底。"环顾漫漫长途，他数十年如一日，身体力行，持正清廉。一家五代同堂，晚辈们在各自岗位上忠于职守，勤勉奉献，业有所成。英乔挺拔，枝繁叶茂。生命在延续，事业在传承。笔者揣想，评断成功人士，成功与否，既在自身之成功，亦在后代之成功。《海坛英彦》置专节抒写家风，意味深长。读罢，掩卷凝思，发人深省。

该书书名亦由游老题写，铁画银钩，笔力遒劲，透出革命前辈间的深厚情谊。他们的风范情操，着实为今人树立了楷模。

冯秉瑞先生年已九旬，如今又推出这部力作，令人由衷钦敬。寿居耄耋，尽可安享晚年。冯先生却是老骥伏枥，志在千里。九年九部长篇传记文学，为革命英雄树碑立传，对于文学创作而言，不啻为奇迹。从这个意义上，他也是"一腔热血写春秋"。人生在世，拥有双重年龄，生理年龄不可逆，心理年龄操之在我。九部作品中，八部传主均系平潭籍先贤，包括革命英烈曾焕乾，杰出地下党人翁绳金、吴秉瑜、林中长，游击队卓越领导人高飞、张纬荣、吴兆英、吴秉熙。这些赤胆忠心的人民英雄，以及其他为人民解放事业而献身的英雄们，宛若苍松屹立，不避险厄，遮风挡雨，护卫父老乡亲的安宁和幸福。致敬，平潭人民的守护神！

此次《海坛英彦》面世，广大读者的热切期盼实现了，冯秉瑞先生得以一偿夙愿。九旬老人，九度寒暑，九部大著，即便是巧合，在平潭红色文化史上，终究留下一段佳话，为青史留存，为世人传颂。

"海纳百川"，"九九归一"，前人，今人，乃至后人，所有奋斗牺牲，所有创造建树，汇入滔滔东去的历史长河，奔腾不息……

（杨际岚，中国作家协会会员，中国世界华文文学学会监事长，福建省作家协会顾问，编审。）

侠胆雄风铸丰碑

⊙ 吴金泰

怀着期待已久的急切心情，匆匆拜读了由老作家冯秉瑞执笔的《海坛英彦》书稿的全部文字。这部即将出版的人物传记，记录了前辈乡贤吴兆英的人生轨迹，再现了他矢志不移、无私无畏的不凡的革命生涯，真实而亲切，生动而感人。吴兆英诞生于 1923 年 10 月 11 日，这册传记的正式出版，作为他百年诞辰的深情纪念，不啻是盛事一桩，恰逢其时。

风云年代不缺风云人物，红色土地孕育红色故事。吾土平潭，孤悬于闽海之中，面积不大，且开发时间也短，但这些都不影响它成为英贤辈出的神奇所在。远的抗倭不说，近的如当年的游击斗争，就曾以省内在解放战争时期第一个依靠游击队自身力量成立县级人民政权，而名噪八闽大地。如今我虽垂垂老矣，而儿时的记忆犹新：那从中正堂方向传出的阵阵枪声，那奔走在大街上游击队员的矫健身影，那从北门方向传出的冲锋号声，总也淡忘不了、冲刷不去。作为土生土长的"海山哥"，爱我平潭，天经地义。也总是期盼着在回溯往昔的同时，重温近乎被遗忘的史迹，感知曾经有过的光荣，为那一批倚剑长歌的斗士、气贯长虹的勇者，而心生敬畏、讴歌不止。

英雄是民族最闪亮的标杆。百年党史，英雄辈出，灿若星辰，熠熠生辉。习近平总书记曾经指出："一个有希望的民族不能没有英雄，一个有前途的国家不能没有先锋。"言之精当，掷地有声。因此，作为后来人，谁都没有理由不崇尚英雄，不礼赞英雄。为英雄编史修志、写书立传，责无旁贷。战争年代如此，和平时期亦当如此。《海坛英彦》的编成出版，如同一曲响彻于云霄、传唱于里巷的英雄赞歌，必当久久回响，代代传扬。

有道是"树高者鸟宿之，德厚者士趋之"，老前辈吴兆英以侠胆雄风铸就的丰碑，立于眼前，而浮现于脑海是铁汉子、伟丈夫、大功臣、好党员的光辉形象。他的神采、他的胆识、他的从容，无不展现着作为共产党员、游击队领导、人民公仆，在风雨兼程中未曾止息的步履，和默默奉献中的执着与担当。他，受人尊重，赢得信赖，乃至荣膺共和国的勋章，可谓顺理成章、实至名归。今天，当我们将回忆的光环定格于吴兆英身上的时候，才深切体会到，人的生命各有长短，但生命的价值却不尽相同；人格的贵贱与否，不在于财富多寡，或位阶多高。如何做到像他那样对待事业、对待自己，把党的利益举过头顶，时刻想着为党旗增光添彩，这在面临变局、同心圆梦的今天，在物欲横流、倡导廉洁的当下，无疑有着不同寻常的榜样作用和现实意义。我以为，《海坛英彦》就是一册滋养心灵的教科书，一堂催人奋进的励志课，是妥妥的正能量，泱泱的正气歌！

正因此，在为英雄讴歌的同时，十分感激老作家冯秉瑞的辛劳付出。他勤于笔耕，著作颇丰，仅为平潭本土的革命英烈而留下的长篇传记已有8部之多。原打算即此"封笔"，功成身退，颐养天年，却又被传主的英雄事迹所感动，不得不再度"出山"，挑灯熬夜，其情怀如此，难能可贵。

捉笔属文，意犹未尽。愿借诗人汪国真的《感谢》一诗中末段文字，以结束本文，并安放我驿动的心。其诗云：

让我怎样感谢你，

当我走向你的时候；

我原想亲吻一朵雪花，

你却给了我银色的世界……

2023 年 7 月于闲可斋

（吴金泰，曾任平潭县文化局局长、县文联主席、平潭县志主编，为省戏剧家协会、省诗词学会会员，长期从事县志修编及诗文创作。）

目录

第一回　优秀学生　喜结连理

1923 年 10 月 11 日（农历癸亥年九月初二日），吴兆英出生在福建省平潭县伯塘村。

伯塘村原称北盾、北党，1948 年改称伯塘，1951 年为纪念在解放平潭战役中牺牲的烈士吴国彩而改名为国彩村。它地处海坛岛北端突出部，三面环山，一面临海，依山傍水，山清水秀，门前长江澳碧水银沙，村上石头厝错落有致，一条潺潺流淌的玉带溪长年穿村而过，风景旖旎而别致。但在旧社会，它却是一个贫穷困苦的落后村，村民过着"三片薯钱一碗汤"的苦日子。后来村上出了一个英雄人物吴兆英，他率先带领村民起来闹革命，使伯塘村成为平潭县的一个重点革命老区基点村。全村有烈士 7 名，"五老"100 多名，他们曾为解放平潭建立了可歌可泣的功勋。经过不断发展，如今的国彩村华丽转身，已经从解放前的贫困村发展成为远近闻名的"小康村"，成为农业部公布的全国美丽乡村，成为全国民主法治示范村和福建省金牌旅游村。

吴兆英，原名吴翊福，10 岁时因看了《说岳》等英雄故事，萌生英雄情结，自改名吴兆英。在中共地下党活动期间代号老唐。

吴兆英祖祖辈辈亦农亦渔，勤劳节俭，持家有道，家境颇丰。祖父吴家才和父亲吴国温都是读过几年私塾、粗通笔墨的农民，他们对子孙后代的上学读书十分重视。

1929 年 9 月，7 岁的吴兆英被送进村上私塾斋里读书。吴兆英天资聪敏而早慧，开学的头一天就表现出他过目不忘的超群记忆力。那天上午教完《论语》中的第一节"学而"后，老师就在课堂上提问："谁能背诵刚才所学的课文呀？"

课堂内有 10 多位学子，问了几遍都没人回答。老师只好指名了，但连续叫了两位同学都答不全。当叫到吴兆英时，他便站起来流利地背诵道："子曰：'学而时习之，不亦说乎？有朋自远方来，不亦乐乎？人不知而不愠，不亦君子乎？'"

"这里的'说'怎么解释？"老师问。

吴兆英当即答道："这里的'说'，同'悦'，是高兴、愉快之意。"

"那么，整段译文呢？"老师又问。

"孔子说：'学到了知识，又经常复习它，不也高兴吗？有朋友从远方来，不也快乐吗？人家不了解我，我也不生气，不也是君子吗？'"吴兆英流利地回答道。

"回答得很好！"老师笑着夸赞。

后来老师凡遇到别人答不出来的问题就指名要吴兆英回答，而他每次都对答如流，从无误对。

于是，老师称赞吴兆英是优秀学生，但他后来在《自传》里却写道："我自七岁就读私塾，幼年无知，不爱读书，只好玩耍，三年无所心得。"

说"三年无所心得"，未免过谦。其实，在那私塾三年的时间里，吴兆英不但完成了课内的《论语》《孟子》等科目，认了许多字，朦朦胧胧懂得一些儒家学说，而且课外还阅读了《说岳》《说唐》等叙述英雄故事的书籍。可谓心得大矣！然而，"望孙成龙"的祖父总嫌吴兆英有点贪玩，读书不够努力。

1932 年 9 月，10 岁的吴兆英将到伯塘小学读书时，祖父就把古人读书当官致富，高人一等，不受人欺侮的故事说给他听。为了劝勉吴兆英勤奋读书，祖父还教他阅读宋真宗赵恒的《劝学诗》。教完这首《劝学诗》之后，祖父就要吴兆英当面背诵给他听。这当然难不倒 10 岁的吴兆英。他当即背诵道：

富家不用买良田，书中自有千钟粟。

安居不用架高堂，书中自有黄金屋。

出门莫恨无人随，书中车马多如簇。

娶妻莫恨无良媒，书中自有颜如玉。

男儿欲遂平生志，五经勤向窗前读。

"好了，好了。"祖父不禁为孙子的不凡聪敏而暗暗纳罕，但他却恨铁不成钢似的教训道："你既然知道读书的好处，那就要勤奋读书，不要贪玩啊！"

吴兆英虽然对《劝学诗》的内容不以为然，但他能够理解祖父的良苦用心，便笑着回答道："爷爷。您放心吧，我会用功读书的。"吴兆英说到做到，从此更加勤奋读书，门门小学功课考试满分，季季成绩名列全班第一。

1939 年 7 月 5 日，日伪军占领海坛，平潭第一次沦陷，伯塘小学停办，念完小学五年级的吴兆英休学在家耕田捕鱼。

此时吴兆英家三代同堂，共 25 人；拥有房屋 3 座 11 间，土地 20

亩，渔网 2 张，紫菜礁 4 块，石矍 1 座，店铺 1 间，经济比较富裕。可是，枪打出头鸟。日伪军一占领平潭就来他们家要钱要粮，敲诈勒索。稍有不从，就要挨受鞭打。

为了分散日伪军的注意力，祖父当机立断，化整为零，将父亲 5 个兄弟分为 5 户过日子。

父亲吴国温为人善良、勤俭。他一生劳作，没有停歇过；他一生尽做好事，不做亏心事，是远近有名的善人。在青壮年时，他率先开发大嵩岛，在荆棘丛生的荒芜孤岛上开垦耕田，撒网捕鱼。

有一年，一艘路过的商船遇风翻船，其中有两个遇难者漂流到大嵩岛澳口海面，吴国温发现后立即开船出海抢救。一个已经死了，一个被救活。对于活者，吴国温赠予盘缠，送他回家。对于死者，吴国温收埋下葬，让他灵魂安息。

做完善事后的当天晚上，吴国温回家睡觉时做了一个梦，梦见大嵩岛澳口海面上漂流着一大批木材。虽说梦见为虚，但次日吴国温开船到大嵩岛一看，其澳口海面上漂流着许多木材，竟然同梦中所见的一模一样。且木材又粗又直，可作屋梁。大海本无主，海上漂流物谁拾到就是谁的。吴国温喜出望外，忙逐一打捞起来运回家。后来，他就用这批木材盖起一座四扇石头屋。知道此事的人都说"善有善报"。

分家之后，吴国温见家中缺乏劳动力，便要长子吴兆英马上娶老婆。但吴兆英觉得自己年纪尚小，个子不高，就提出不要这么早娶老婆。而父亲却说："村上 15 岁就结婚的人多得很，你今年 17 岁，不小了。男大当婚，女大当嫁，天经地义。这件事我说了算，你不同意也得同意。"可吴兆英就是不肯点头。父亲对此非常不满，整天气呼呼的。吴兆英是个孝子，看到父亲如此生气，他心里也不好受，便顺从了父亲之意。

于是，1939 年 7 月的一个阳光灿烂的日子，17 岁的新郎吴兆英和 16 岁的新娘林瑞英在伯塘祖厅里举行传统的拜堂结婚仪式。

林瑞英，1924 年 10 月 21 日（农历甲子年九月二十三日）出生，平潭县白胜村人，出身渔民家庭，生性聪明，长相清秀，是潭北一带有名的美女。她没有念过书，却十分贤惠。后来她伺候公婆，相夫教子，一生养育 4 男 4 女，其间起早摸黑，含辛茹苦，毫无怨言，从不叫一声累，从不喊一声苦。

吴兆英和林瑞英结婚，虽然是奉父母之命，媒妁之言，婚前从来没有见过面，但在洞房花烛之夜，两人却一见如故，非常恩爱。夫妻俩相濡以沫，65 年如一日，从无吵过一次架，从无红过一次脸。即使后来革命胜利，吴兆英当上风光的县官，他也没有丝毫嫌弃没有文化、没有工作的"糟糠之妻"林瑞英。他们的爱情历久弥坚，愈爱愈浓，相依为命，执手终身。这是后话。

1940 年 1 月 12 日，平潭第三次光复，日伪军撤走，伯塘小学复办，结了婚的 18 岁吴兆英复学，继续念小学六年级，一直读至 1940 年 10 月小学毕业。

第二回　洁身自好　嫉恶如仇

　　呼啸的海风如同饥饿的猛虎，疯狂地吼叫着；冰冷的冬雨就像决口的湖水，倾盆而下着。一个挑着担子的青年正顶风冒雨艰难地走在伯塘山头的田埂上……

　　这是1940年12月的一天上午，吴兆英挑粪上山为小麦青苗施肥遇到狂风暴雨时的情景。

　　分家后，吴国温家虽然还有土地6亩，渔网半张，紫菜礁2块，盐田50坎，店铺1间，房屋1座5间，但家庭的经济状况大不如前。吴兆英还有两个正在小学读书的弟弟。父亲根本没有经济能力同时供应3个儿子读书。这样，吴兆英1940年10月小学毕业后只好休学在家耕田捕鱼，没有办法到他心仪已久的岚华初中读书。这自然是个遗憾。

　　那时节，国民党政府广为征兵，到处抽壮丁，凡年满18周岁的男性青年都要应征当壮丁，上前线打仗，充当"炮灰"。因此，人人都害怕"抽壮丁"。1923年出生的吴兆英再过一年就达到抽壮丁的年龄。所以一家人都为他担忧。

　　正为此担忧之际，在县国民政府当会计的五叔父吴汉章回伯塘时对吴兆英说："现在县国民政府正缺征收员，当征收员可以免抽壮丁，我想介绍你当征收员，不知你愿意不愿意？"吴兆英想，既然不能读书，那就先当征收员也不错，一来可以免抽壮丁，二来还可以赚一些钱待以后升学读书缴学费。于是，1940 年 12 月，吴兆英被分派到平潭三区（苏澳）当税务征收员。

一个月后的 1941 年 1 月 9 日，日伪军又占领海坛岛，平潭县第五次沦陷。坚持抗日的平潭县国民政府县长罗仲若携员撤退到福清县里美村，组成平潭县临时政府，招募失散人员和逃出来的学生、渔民、船员，建立平潭抗日游击队。

为了避免被日伪军杀害，吴兆英于 1 月 9 日连夜雇船逃到福清里美，向平潭县临时政府报到。他本想参加平潭抗日游击队，跟随罗仲若县长抗日救亡，但平潭县临时政府却保送他到三元县"福建省政干团 207 税务系训练班"学习。学习的课程有财政学、赋税概论、会计簿记、三民主义、孙中山遗教等。学习时间共三个月。

虽然只学短短的三个月，吴兆英却觉得有较大的收获，懂得了一些财务原理，还提高了语文、数学水平，对于赋税也有一定的认识。赋税有几千年的历史，纳税是国民百姓的应尽义务，但苛捐杂税是没落朝代的表现，是不可取的。

1941 年 4 月学习结束。在一切科目都考试完毕之后，就上一堂动员学员参加三青团的课，要求所有学员都要参加三青团，说如果不参加就不准毕业。说是动员入团，其实是强制入团。还没等吴兆英表态要不要参加，班部就指定训育主任叶镜午和教员林宗赋当他的入团介绍人，帮他填了表格，发给他事先填好的一本团员证和一块红臂章。第二天举行入团宣誓仪式，参加者有 400 余人，由保安处长训话。

毕业分配时，吴兆英当然要求派回平潭，但那时日本鬼子仍然占据着福建沿海一带，所以没能派回平潭，便被分派到明溪县当征收员。到了明溪县之后，吴兆英曾两次向该县三青团分团部报到，但都没有人接受他的三青团组织关系。当时吴兆英认为没有人接受更好，因为他本来就不想当什么三青团员，所以再也没有去明溪县分团部报到。从此，吴兆英与三青团组织断绝了关系，一块红臂章早就扔了，那张团员证后来回平潭时因一年多没有缴纳团费也被上司卢祖胜收走了。

1941年9月18日，平潭第六次光复。从此平潭县不被日军及其伪军占领，成了保卫祖国海疆的"海城维翰"之县。随后，福建沿海一带光复。

1942年2月，因平潭县三区税款尚未结算清楚，吴兆英被调回平潭三区当主任征收员，薪水比原来征收员增加5元。吴兆英喜出望外，不但达到了回平潭同家人团聚的目的，而且职务还提升一级。

那时国民党政府腐败，社会黑暗，官场贪污腐化，吃喝嫖赌、吸毒抽鸦片成风。唯吴兆英洁身自好，每日都是白天上班工作，晚上关在宿舍里看小说，周末则回伯塘同家人团聚。然而，也有一次例外。

那是1942年9月的一个夜晚，吴兆英因晚餐参与接待县上税务部门长官卢祖胜，喝了几杯酒，人有些醉乎乎的，当晚被几个同仁强行拖去陪上司打麻将赌钱。由于他不会打麻将，更不会赌钱，就被人忽悠蒙骗，输了几百元。他只好愿赌认输，向家中要钱抵还赌债了。

父亲吴国温对此难免生气，不禁责骂几句。吴兆英本来就不想赌博，听父亲如此责骂，痛感无地自容，更不会再赌了。

1943年2月3日，已升为县经征处主任的五叔父吴汉章担心吴兆英再次被人骗去赌钱，调他到县经征处工作。

1944年，吴兆英的四叔父吴汉文无辜被邻村恶霸勾结土匪杀死。祖父、祖母痛不欲生。村上吴氏宗亲无不义愤填膺。血气方刚的22岁吴兆英无比愤怒，便协同五叔父吴汉章向县政府申诉告状，要求县政府立案调查，秉公审判，严惩杀人凶手，赔偿经济损失，讨回公道。然而，平潭县国民党政府却因为邻村恶霸省里有人，政治势力大，不敢得罪，对吴兆英叔侄的诉状不予理睬，不肯立案处理。

　　见腐败的国民党政府如此讲势力，讲人情，不讲公道，不讲法治，让受害者控告无门，嫉恶如仇的吴兆英极其痛恨。他原先从繁重的苛捐杂税中看到国民党政府的腐败，就产生了要为穷苦百姓出头的想法，现在又见受害者控告无门，更觉得国民党政府腐败得不可救药。他想想自己和五叔父还在为腐败的国民党政府卖力，深感可笑而又可耻。想到此，他力劝五叔父一起辞职，以示对县府处理不公的严正抗议。但五叔父不听，说："你年轻，来日方长，今后的路怎么走，你自己选；而我年事已高，不宜草率从事。"

　　见叔父这样说，吴兆英心里道："人各有志，岂可相强？"而自己则是铁了心一定要辞职，再也不和腐败的国民党政府同流合污、沆瀣一气了。

　　于是，1945 年 8 月，吴兆英毅然辞职回家。此后，他将走上人生的光明大道！

第三回　参加革命　宣誓入党

1947 年 2 月中旬的一个雨天深夜。

早春二月，春寒料峭，凄风冷雨，福州天气依然刺骨寒。但在东街三牧坊的一个陋室里却热气腾腾、暖意融融。

陋室虽然简陋狭小，却是中共闽江学委的一个地下联络点。闽江工委委员、学委书记曾焕乾和学委工作员张纬荣等革命者都经常在此处从事地下革命活动。

此时，更深夜静，有 4 个新党员正在这里举行庄严的入党宣誓仪式。他们是本书传主吴兆英和他的同乡同学林奇峰、杨清琪、陈龙生。

那么，吴兆英是怎样走上革命道路的呢？事情还得从前年秋天说起。

1945 年 9 月，仅仅高小毕业的 23 岁吴兆英，在脱离了国民党政府公职之后，以优异的成绩破格考取福州私立协和职业学校高级农科。

吴兆英入学后学习特别努力，成绩特别优良，生活也较为朴素，待人又真诚谦卑，很得同学们的好感和欢迎。他和几位特别要好的同学常在课外传阅进步书籍，谈论国家前途命运大事。

此时日本政府投降，抗日战争取得完全胜利，国内民主运动空前高涨。

1945 年 12 月，为了团结和引导在福州读书的平潭籍大中学生走上革命道路，曾焕乾发起成立一个党的外围组织，名为"平潭旅外同学奔涛学术研究会"，以合法的社团身份从事地下革命活动。作为平潭籍的中专生，吴兆英积极参加这个研究会活动。在活动中他阅读革命书籍，听取曾焕乾和翁绳金、吴秉瑜等协和大学学长的革命理论讲演，初步认识到中国必须革命才有前途，中国共产党是中国人民的大救星，从而萌生了跟着共产党干革命的念头。

1946年2月，宁德三都中学高中毕业的张纬荣考入福建学院。他结识平潭地下党领导人曾焕乾，积极参与"平潭旅外同学奔涛学术研究会"活动和工作，担任该研究会学术股股长和闽江学委工作员。

同年7月临近放暑假之际，张纬荣受曾焕乾委派，前往设在福州西门外祭酒岭的福州私立协和职业学校，分别找吴兆英和该校的几个平潭籍同学联络谈心。

张纬荣和吴兆英同年，两人一见如故。一番寒暄、叙乡情之后，吴兆英谈了自己参加"平潭旅外同学奔涛学术研究会"活动的收获，张纬荣听了点点头说："国民党政府腐败，共产党领导的革命一定会胜利。我们热血青年都应该参加革命，为正义而斗争，为贫苦人民早日解放而奋斗。我们青年学生也只有参加革命，才有个人的前途。"

张纬荣说完悄悄从随身携带的挎包里拿出一个用旧报纸包的东西交给吴兆英，强调说："这是曾焕乾同志送给你的礼物，希望你会喜欢。"

"我当然会喜欢，谢谢。"吴兆英欣喜地接过东西说。

送走张纬荣后，吴兆英回到宿舍里偷偷打开一看，不禁惊喜地"啊"一声，暗暗道："是毛泽东《中国革命和中国共产党》，太好了！"

这本毛主席著作，吴兆英非常喜欢，他读了又读，爱不释手。他在学校里已经读了两遍，同年8月放暑假回到伯塘，白天劳动，晚上空闲时又反复阅读，越读越决心跟着共产党参加革命。他打算暑假结束一到福州上学就向张纬荣提出要参加革命。

然而事有变故，一天晚上临睡前，父亲吴国温找吴兆英商量，说："你大弟（吴兆琛）不幸被海水淹死了，你小弟（吴兆莹）今年初中毕业，下学期上高中需要花许多钱，而现刻的家庭经济状况你也知道相当拮据，我供应一个儿子读书都很勉强，就不用说负担两个了。这样，你只好先休学一学期，待明年看家境情况再说。你看可以吗？"

"可以。"吴兆英没有多想就答应了。

不答应能怎么样？父亲用商量的口气说，其实是决定了之后的通知。吴兆英知道父亲的脾气，他决定了的事是不会改变的，何况他的这个决定不是没有道理。再说，吴兆英受曾焕乾、张纬荣的影响，已经决定要参加革命，那上学不上学就无所谓了。因此，他到县城借了几本革命书籍回家在晚上阅读。而白天就在耕田和捕鱼中与贫苦农渔民在一起谈论革命道理。原来很多青年农渔民都不满现实，都说国民党政府腐败，社会黑暗，希望有人带领他们起来闹革命，推翻国民党腐败政府。这就加强了吴兆英要跟着共产党干革命的决心和信心。

父亲吴国温言而有信，1947年2月上旬，他见家里经济略有好转，便让吴兆英到福州复学。吴兆英如鱼得水，2月上旬，他到福州协职学校报到后就立马去福建学院找张纬荣，请求批准他参加革命工作。

"好啊，答应你的请求，欢迎你从今天起参加我们党领导的革命队伍。"张伟荣说着同吴兆英热烈握手。

"谢谢！"吴兆英大喜过望。

张纬荣接着说："你的事我向曾焕乾同志汇报过，就分配你担任闽江学委工作员。不过现在要先参加培训，学习革命原理和党的基本知识，提高阶级觉悟和理论水平，培训地点在省福中附近的三牧坊据点。明天就开始。"

"好的！"吴兆英满怀喜悦地道。

经过几天培训之后，吴兆英回到学校边上课边从事组织分配的地下革命工作，桩桩件件都完成得很好，得到张纬荣多次表扬。

1947年2月中旬的一个雨天傍晚，张纬荣携另一位平潭籍地下党员陈孝义来福州协职学校找吴兆英谈话。

陈孝义询问吴兆英3个问题：一是家庭社会关系，二是本人历史，三是入党动机。吴兆英一一做了如实的回答，最后他发誓："我要把自己的一切，包括自己的生命，献给党的共产主义事业，永不叛党。"

"说得好！"张纬荣接着宣布，"吴兆英同志，根据你在培训期间提交的书面申请，经组织认真审查研究，决定由我和陈孝义两人介绍，批准你为中国共产党党员。今晚深夜在三牧坊据点举行入党宣誓仪式。"

"谢……谢谢党组织。"吴兆英喜极而泣。

从此，吴兆英把自己的一切，包括自己的生命都献给党，献给无产阶级革命事业……

随后，福州协职学校成立党支部，吴兆英任党支部书记。当时的任务是发展党的组织，发动党员为党捐款捐物，组织学生与罪恶多端的军统特务、协职教务主任黄光华展开斗争，并且多次领导协职地下党员和进步同学参加福州学生爱国民主运动。凡上级交给吴兆英的任务，他都能很好地完成。

1947年3月25日，省福中学生无辜被福州警察殴打抓捕，吴兆英义愤填膺，他挺身而出，率领协职学生参加城工部庄征、曾焕乾和张纬荣领导的福州学生"三二五"抗暴斗争，迫使省政府答应学生的全部要求，取得完全胜利，受到闽浙赣区党委和城工部领导的赞扬。

第四回　发展党员　点燃星火

1948 年 7 月上旬的一个早晨。

晨光熹微，朝暾初露，一艘从平潭丰田澳开出来的木帆船，正顶风破浪行驶在汹涌澎湃的海坛湾北部海面上。

木帆船上坐着潭西北区委书记吴兆英和他率领的吴国彩、吴章富、吴章余、吴孟良、薛守春、李宗坚等 10 位武工队员。船上还装载着吴兆英为党筹集的一笔银圆……

5 个月前的 2 月上旬，为了响应闽浙赣省委关于"走出学校开展游击战争，开辟第二战场"的号召，平潭地下党负责人张纬荣经请示福州市委书记孙道华同意，委派还在协职读书的吴兆英回平潭担任潭西北区委书记；同时委派高飞任潭西南区委书记，林奇峰任潭中区委书记，曹于芳任潭东区委书记。

这样平潭此时便有 4 个区委。4 个区委直属福州市委，由平潭地下党负责人张纬荣上下联络。

4 个区委成立后，分别在本地区点燃革命星火，恢复和发展党的组织，创建革命武装，深入发动群众，开展反"四征"（征兵、征粮、征税、征工）运动，使沉寂半年多的平潭地下革命活动又活跃起来，从而拉开了平潭游击战争的序幕。

吴兆英以潭西北区委书记的身份，先后在他的老家伯塘和江楼、当盛等自然村，开展革命活动，为发展党员，创建武装，做宣传发动工作。他不厌其烦地向群众揭露国民党腐败政府的罪恶，宣传共产党的主张，使大家认识到只有跟着共产走才能翻身求解放的道理，进而发展一批党员，吸收一批青壮年参加武工队，并且号召广大贫苦群众起来跟着共产党干革命。

吴兆英首先发展已于 1947 年 8 月参加地下革命的伯塘小学校长吴秉熙入党，作为自己的助手；接着发展吴国彩、吴孟良等积极分子，合计在伯塘、江楼、当盛等 3 个自然村发展 12 名党员，同时组建了一个有 20 多个队员的潭西北区委武工队，从而打开了潭西北地区星火燎原的革命局面。

吴兆英加强对伯塘武工队的培训，他从政治思想、组织纪律到军事知识，给武工队员以全面施教，并进行军事训练，使之能够参加战斗，战之能胜。

高飞以潭西南区委书记的身份，先后深入看澳、玉屿、土库、康安、下鹤厝等自然村，开展革命活动。经过一段时间的努力，高飞在看澳、土库等 5 个自然村发展高扬泽、高名山、高名祥等 16 名党员，成立以高名祥为书记的土库党支部。并接收 1946 年吴秉瑜发展的 4 名玉屿村党员，成立以吴聿静为书记的玉屿党支部。同时创建了一个有 40 多个队员的潭西南区委武工队。

潭中区委书记林奇峰在韩厝、松柏岚、当圹、新宫前等自然村发展了 10 多名党员。

潭东区委书记曹于芳在井边、东澳、斗门等自然村开展革命活动，建立了 3 个地下革命活动小组。曹于芳随后被张纬荣派往福清龙田协助杨清琪开展工作。

各区委在反"四征"中，也都取得一定成绩，得到广大群众的拥护和支持。

各区委还联系了原分散隐蔽的地下党员，使广大地下党员和革命者团结在各个区委组织的周围。

1948年6月中旬，正当平潭革命形势蓬勃发展的时候，平潭国民党武装势力派出一个连的兵力"清剿"看澳村，一个班的兵力"清剿"伯塘村，妄想扑灭刚刚点燃不久的平潭革命之火。但因高飞早得张纬荣派卓淑贞（高飞夫人）从福州传来的情报，在当地群众的支持下，高飞带领看澳地下党员和武工队安全地转移到土库村，吴兆英带领伯塘地下党员和武工队安全地转移到玉屿村，使敌人的"清剿"妄想落空。

敌人撤退后，潭西南和潭西北两支武工队合并，集中在玉屿村进行整编，成立平潭武工队，队员留强去弱，选出精干队员20人，由高飞任队长，吴兆英任副队长。

1947年10月省委"高湖会议"后，原平潭地下党负责人曾焕乾调任闽北地委常委兼城工部长。1947年12月省委"凤岗会议"决定原福长平学委书记张纬荣调入福州市委，为平潭、福清两县地下党负责人。1948年5月，福州市委书记孙道华因"城工部事件"被错杀，平潭地下党和福州市委断联。6月中旬，经张纬荣争取，闽古林罗连中心县委书记林白同意平潭地下党组织同五县中心县委接上关系，改为由他们暂时领导。

张纬荣对此深感欣慰。他见五县中心县委主力游击队经济非常困难，经常吃野菜度日，生活十分艰苦，便号召平潭各区委筹集一些资金支援五县中心县委。

各区委书记闻风而动，立即响应。为了筹集游击队活动经费，吴兆英不惜"毁家纾难"，劝说父亲变卖家产，动员亲属变卖财物。在开明父亲的支持下，他带人挑走家里的10多担口粮，携走家里藏在墙洞里的 500 块银圆。吴兆英后来在《自传》里写道："1947 年至 1949 年，我参加革命将家中的盐田、渔网、店铺、货品等相继卖掉献给革命，约抵现在的人民币八百多万元。"

吴兆英这种为了革命"毁家纾难"的精神，受到上级党组织和同志们的赞扬。

1948 年 7 月上旬，平潭国民党武装势力又匆忙调兵遣将，妄图再次"清剿"我游击区。为了避免损失，根据张纬荣同志的意见，高飞、吴兆英率领 20 名平潭武工队员，暂时撤退到福州北岭，参加林白的主力游击队，以保存革命力量，为今后平潭革命形势的进一步发展奠定基础。

为了转移时行动方便，队伍一分为二，高飞、吴兆英各带 10 名队员，分别乘船出岛……

这艘从丰田澳开出来的木帆船，继续朝着福州方向乘风破浪前进。当午后驶到闽江口时，忽见前方有一艘国民党保安团的巡逻艇迎面开来。船长薛益糖一惊便欲掉转船头改道。有"泰山崩于前而色不变"心理素质的吴兆英见状赶忙制止道："别怕，继续往前驶船！"

"是！"船长薛益糖受吴兆英遇险不惊的镇定情绪感染，不再惊慌失措，而是不动声色地让平稳前进的木帆船同巡逻艇擦肩而过。

随后吴兆英对船长悄悄解释说，如果行船突然惊慌失措掉转船头躲避，反而会引起敌人怀疑，强行上船搜查，抢走钱物，造成损失。

当日傍晚，这艘肩负重任的木帆船，终于安全驶进福州第六码头。

差不多同时，运送高飞的另一艘木帆船也驶进福州第六码头。

上岸后，两队合而为一，组成 20 人的队伍，由高飞、吴兆英一起率领，踏着朦胧夜色，急步向北岭奔去。

队伍深夜到达北岭大本营，随之向五县中心县委主力游击队报到，并缴交支援他们的一笔银圆，受到林白书记和主力游击队指战员的热情欢迎和称赞。

第五回　经济斗争　智取敌轮

20 名平潭武工队员加入闽古林罗连五县中心县委主力游击队后，又一分为二。

17 名武工队员由高飞带领，同主力游击队员一起参加军事训练，开展游击斗争活动，以增强革命才干，提高作战本领。其中高扬泽因勇敢机智，临危不惧，枪法又准，表现出色，被五县中心县委书记林白看中，留在身边当警卫员，多次立功。

3 名武工队员由吴兆英带领，到福州配合中心县委军事部长刘文耀开展经济斗争活动。当时为了响应省委关于"筹集革命经费支援山区游击队"的号召，林白派刘文耀坐镇福州组织经济斗争。但人手不足，斗争力度不够，平潭武工队报到后，林白便命吴兆英携吴国彩、高名山等 3 名武工队骨干协助刘文耀。恰好此时林中长从南平来福州找省委，听说此事，便主动同吴兆英一起参加经济斗争活动。

经济斗争也称"红色劫案"。当时轰动全省的红色"七大劫案"，吴兆英几乎都参加了。但吴兆英后来记忆犹新的是智取敌人"济兴"号轮船。

吴兆英和高飞、张纬荣等都知道，平潭国民党县长林荫拥有一艘经商的"济兴"号轮船。轮船上有大量的枪支和钱物；他们也知道，轮船上配备有很强的警卫人员。但他们不知道该轮船的具体情况和行踪。因此，张纬荣首先派曹于芳、高亿坤两人负责调查。曹、高二人根据张纬荣的指示，通过内线人员配合侦察，终于探清了"济兴"号轮船的行踪和轮船上的武器装备、警卫人员等情况。听了汇报之后，吴兆英和张纬荣、高飞三人商量出一个必胜的"秘密行动计划"，然后向林白报告，请林白考虑率领队伍前去行动。

林白听了大喜，立马决定根据张纬荣、高飞、吴兆英提供的"秘密行动计划"，组织队伍登上敌人轮船缴枪，变敌人的武器为我所有。这样，既能打击敌人嚣张的反动气焰，又可武装我们的游击队伍。但是，"济兴"号轮船上有武装警卫人员把守，岸上又有警察监视、宪兵巡逻，要想收缴轮船上的武器，无异于"虎口拔牙"，实非易事，因此只能智取，不能强攻。

林白最后决定，这次智取"济兴"号轮船的战斗，分为"上船缴枪"、"岸上监控"和"后备接应"三组行动。"上船缴枪"组由林白亲自率领总部人员参加；"岸上监控"组由凌尚武带领魁岐武工队员参加；"后备接应"组由吴兆英带领平潭武工队员参加。

林白命令各组务必在 7 月 25 日傍晚 5 点，分别到福州台江第二码头和对岸泛船浦配合参加战斗。

于是，当天傍晚 5 点，凌尚武带领参加"岸上监控"组的陈添源、梁秋金、林坤官等 20 名魁岐武工队员，来到福州台江第二码头，配合参加智取敌"济兴"号轮船的战斗。

该组的主要任务是，严控岸上的宪兵、警察，以保证"上船缴枪"组行动的成功。具体工作有两项，一是通过讲评话、卖橄榄和算命八卦等活动，分散岸上宪兵、警察对江中"济兴"号轮船的注意力；二是制服企图上船抓捕"上船缴枪"组同志的宪兵、警察。为了不使敌人怀疑，全体参战的魁岐武工队员一律进行化装。其中，使用长枪的梁秋金，化装成一个瞎子算命先生，他拄一根用破布包扎着长枪而成的粗拐杖，由伪装成助手的林坤官扶着，"笃笃笃"蹒跚而走，走到警察亭附近，他坐在由林坤官随身带的凳子上，煞有介事地等待着问客前来求卦算命。身上暗藏短枪的队长凌尚武，则化装成观赏江景的大学生，密切注视着江中"济兴"号轮船上的动静。陈添源化装成卖橄榄的小贩，他挑着两箩筐碧绿的鲜橄榄沿街叫卖，遇见码头上的巡逻宪兵和站岗的警察，他还顺手抓一小把送之。其他队员则化装成游客、走卒等等。整个第二码头都在魁岐武工队的掌控之中，但又不使码头上巡逻的宪兵和站岗的警察有所察觉。

也在当天傍晚5点，吴兆英带领参加"后备接应"组的吴国彩、高名山等平潭武工队员，从麦园路5号据点出发，来到指定的对岸泛船浦待命。

"上船缴枪"组的刘文耀、张元等、郑荫敏等6位总部人员，在化装成省保安团参谋长的林白同志率领下，从高湖村出发，也于当天傍晚5点，来到泛船浦准备。他们都在这里换上缴获来的省保安团服装，乘上小汽艇，向第二码头方向缓缓而驶。

当天傍晚6时，"济兴"号轮船除留2位警卫看守外，其余警卫、船员共20多人由船长带领上岸吃晚饭。

正值此时，林白等人乘坐小汽艇飞快地向"济兴"号轮船靠拢并登上甲板，首先对轮船上2位留守人员宣布，省保安团上船检查违禁物品，请他俩配合。然后动手搜查。但是，林白他们翻箱倒柜地查了40多分钟之久，只查到10多支长短枪、8箱子弹和1台远望镜，并没有查到轻机枪。此时，岸上的巡逻宪兵和站岗警察，由于有乔装打扮的凌尚武魁岐武工队分散其注意力，都没有留意江中"济兴"号轮船上的动静。这样，林白在敌轮可以放心搜查，但在"济兴"号轮船的船尾江中却停泊着一艘水警巡逻船，其船头高昂着的一挺重机枪正对着"济兴"号轮。林白担心搜查延时太久暴露，忙下令把所搜到的枪支、子弹和远望镜搬上小汽艇撤退。临走时告诉船上 2 位留守人员，请他们船长明天随带持枪证到省保安司令部接受处理。早已吓破胆的船上 2 位留守人员一一称是。

两个小时之后，上岸吃饭的船长等 20 多人饭饱酒足回船，发现上当受骗，慌忙报警。省保安司令部宣布全市戒严，福州四城门严查进出人员，水警巡逻船全部出动，沿江上下见船就搜查，一直折腾到天亮，搞得满城风雨。

而林白他们携带缴获的枪支子弹和远望镜，在吴兆英等的接应下当晚就安全地回到高湖村据点，完成了这次智取敌轮缴获武器的任务。负责"岸上监控"的凌尚武，密切注视江上"济兴"号轮船上的动态，知道林白他们上船缴获武器已经成功撤退，也就随之下令撤退回魁岐。

这几次的经济斗争，解决了闽浙赣党组织当时开展游击战争迫切需要的部分经费和武器问题，也在一定程度上打击了国民党在福州地区的反动统治，表现了吴兆英等地下共产党员忠诚于党、出生入死的献身精神。

第六回　扩充武装　开辟据地

1948年9月，根据闽浙赣省委关于"广泛开展群众性游击战争"的决议，五县中心县委"魁岐会议"决定成立"平潭人民游击队"，任命高飞为队长，张纬荣为政委，吴兆英为副队长。经请示林白同意，高飞、吴兆英率领原20名武工队员返回平潭，发展游击武装队伍，开辟革命根据地，迎接南下解放大军，为解放平潭做准备。

高飞、吴兆英潜回平潭后，于1948年10月中旬在看澳村天后宫召开有30多名游击队员参加的会议，宣布成立平潭人民游击队，同时宣布成立平潭人民游击队党支部，高飞为书记，吴兆英为副书记，林奇峰、高扬泽、吴国彩为委员。后为了便于统一领导全县各地党组织，游击队党支部升格为党委。党委直属五县中心县委，贯彻执行党的路线、方针、政策，把分散在全县各地的隐蔽党员和党组织集中统一在平潭人民游击队党委的周围。

成立会议召开之后，平潭人民游击队在县内张贴成立公告，公开亮起同国民党顽固派林荫相对抗的革命旗帜。

平潭人民游击队公开成立后，得到潭西南、潭西北各村青壮年的热烈呼应，特别是看澳、玉屿、伯塘等村的男性青壮年大部分都报名参加游击队。

为了扩大游击队伍，高飞、吴兆英派王祥和前往潭南东限洋村找原闽中沿海突击队骨干严孟意。通过严孟意做发动工作，把分散在潭南、潭东的原闽中沿海突击队老游击队员魏克华、薛经明、林顶天、林文桃、林孝友、林中达、薛由鉴等 70 多人带到玉屿村来，加入平潭人民游击队。

与此同时，张纬荣也从福州、福清、莆田、平潭等地的学校中抽调张超、刘益泉、谢圣智、林光焰、吴谨才、陈荣森、吴正寿等 20 多名地下党员或地下革命者到平潭人民游击队工作，以加强游击队的骨干力量。

这样，平潭人民游击队就很快从 30 多人发展到 100 多人，又从 100 多人扩展到 300 多人。

1949 年 2 月，为了适应队伍扩大的需要，平潭人民游击队更名为平潭人民游击支队。高飞为支队长，张纬荣为政治主任，吴兆英为第一副支队长兼副政治主任，吴秉熙为副支队长。

支队下设 3 个中队和 1 个特务队。第一中队长吴国彩、指导员王祥和，第二中队长高名乾、指导员林奇峰，第三中队长高扬泽、指导员陈孝义，特务队长高名山、指导员高名峰，少年队长吴国共，总务组长吴秉汉，后勤组长吴孟良，卫生组长蒋美珠，文书吴正寿。中队之下设分队，配备分队长。组织机构得到健全后，各项规章制度和组织纪律也得到完善。

支队成立后，在全县范围内广为张贴平潭人民游击支队公告，大造革命声势，鼓舞群众的革命斗志，打击敌人的反动嚣张气焰。

支队还规定 4 个领导的代号和分工：高飞代号老陈，分管组织；张纬荣代号小张，分管政治；吴兆英代号老唐，分管经济；吴秉熙代号老金，分管军事。

毛主席说，"枪杆子里面出政权"。游击队要同敌人作战，就必须有武器。因此，支队领导努力筹集枪支弹药。1948 年 9 月刚组建时，高飞、吴兆英联袂到土库村朋友处"借"来土式长枪 3 支。这是最初的武器，平潭游击队就是从 3 支土枪起家的。10 月下旬，玉屿村吴聿静移交来原"平潭革命游击大队"的长枪 9 支、短枪 5 支、子弹 3 箱。11 月初，大福村林性品移交来原大福武工队的长枪 8 支、短枪 3 支、子弹 2 箱。

1949 年 2 月 12 日，支队领导获悉流水东美村有大户人家购置枪支弹药看家护院，忙派遣吴章灼、阮邦恩等 22 位特务队员，化装成修船工人，前去"借"枪。出发前，吴兆英、吴秉熙分别对他们面授机宜。进村后，根据吴兆英、吴秉熙的嘱咐，吴章灼、阮邦恩首先同该村的一位地下党员接上关系，取得他的密切配合和鼎力帮助；然后以招揽修船生意为名，22 位游击队员分别进村调查，摸清藏枪户的情况。本来打算在第三天汇总摸清的情况后，再找藏枪户"借"枪。不料，第二天傍晚村上来了 40 多位国民党自卫队员，并且驻扎了下来。吴章灼、阮邦恩等大吃一惊，心想，莫非有人告密，把他们的行踪暴露给国民党政府？后经打听，方知林荫也获悉东美村大户人家藏有武器，生怕被我游击队取走，特派他的自卫队抢先一步前来收缴。然而，他们的行动还是慢了一步，当他们进村后的次日上午命藏枪户缴枪时，那村上各大户所藏的枪支弹药都已经被我游击队"借"走了。

原来，第二天傍晚，吴章灼、阮邦恩见村上来了敌人，便提前于当天夜里组织全体队员分头对藏枪户做深入细致的思想工作。他们以解放战争我军节节胜利的不争事实，启发他们认清蒋家王朝很快就要完蛋的形势，说明只有跟着共产党走才有光明前途，单靠几支枪看家护院是没有用的。有枪的大户听了都觉得说的有理，连夜交出各自所藏的枪支弹药。那位地下党员早就备了一艘木帆船，所借的武器和游击队员一起装上船，披着夜色运送至潭水村溪口角海滩。上岸之后，吴章灼挑着两箱子弹，阮邦恩背着冲锋枪，其他 20 位游击队员各背一支长枪沿着芦洋埔回到了玉屿村队部。

这样，平潭人民游击支队的武器，含随后从苏澳米船上缴获的长枪、短枪各 3 支在内，就有长枪 53 支、短枪 11 支、冲锋枪 1 支、子弹 6 箱，再加上自制的大刀人手一把，虽然武器仍嫌不足，难以主动出击，但可以对付来侵之敌。

在创建平潭游击武装的同时，吴兆英和高飞、吴秉熙等努力开辟革命根据地。革命根据地是游击武装赖以生存和发展的基础和保证。平潭人民游击队的队部原先设在全村革命的看澳村。1948 年 11 月，从有利于指挥革命出发，高飞、吴兆英选择看澳和土库之间的玉屿村作为根据地的中心村，把队部和营房都转移到玉屿村上来。其原由，一是玉屿村地处潭西土库、看澳、鹤厝、康安一带的中心；二是玉屿村具有优良的革命传统，群众基础好。

1938 年，玉屿村进步青年吴秉图经何胥陶介绍加入闽中党组织和闽中游击队。不久他回平潭以玉屿村为据点，秘密组建海上抗日游击队，为抗日救亡而战。1940 年 12 月，吴秉图奉闽南特委命令，率领由吴聿静等 24 位村上青年组成的队伍打入北霜敌支队司令部，展开策反工作，不幸因叛徒告密，除吴聿静一人脱险外，吴秉图及其他 23 位队员全部被国民党军杀害。1946 年 10 月至 12 月，地下党平潭县工委书记吴秉瑜多次回玉屿村发动群众，宣传革命真理，吸收村上 12 位进步青年入党，并于 1947 年元旦成立玉屿村党支部，由吴聿静任书记，吴聿杰、吴吉祥、吴秉汉为委员。1947 年 3 月，为了组织平潭武装暴动，吴秉瑜在玉屿村组建了一支有 60 多名队员的"平潭革命游击大队"，大队长吴聿静，副大队长吴聿杰、吴吉祥，政委吴秉瑜（兼），并购置了 10 多支长短枪和一些子弹，还制作了一批大刀和土地雷。

1948 年 10 月至 11 月，吴兆英和高飞、吴秉熙都同吴聿静联系，指导玉屿党支部开展革命活动。在党支部的领导下，玉屿村民筑碉堡，挖地洞，制大刀，群情振奋，锐不可当。为了建筑玉屿战备碉堡，全村群众纷纷献工献材，日夜赶修，终于建筑了山仔顶大碉堡；挖掘了坪顶、垦仕前、官仔岩、马鞍山、寨山等 5 条前哨壕沟；同时在村上的主要路口暗设鹿钉、地雷。吴秉汉、吴自由、吴咸辉、吴咸宜、吴辉炳、吴聿止、吴邦旺等 7 位玉屿村民，把自己的房屋让出来给游击队做营房。支队队部就设在吴自由让出来的大房子楼上，其母亲主动看守门户。她在大门后挂一个门铃，遇见陌生人来访，便拉响门铃示警。她还为游击队送饭、洗衣、倒尿桶，样样都干。同志们称赞她为"革命妈妈"。

伯塘村在吴兆英的发动和领导下，许多人都为游击队捐钱、捐物、捐粮食。其中吴兆英自己捐给革命的资金最多。他们在吴兆英的带动下还从伯塘长江澳挑壳灰、扛木料到玉屿村，支援平潭人民游击支队筑炮台。

那时候，玉屿、看澳、土库、伯塘等村庄的村民都很穷，但他们心中都有一个共同的信念，为了光明的未来，都乐意支援革命，都愿意为革命牺牲一切。他们打造大刀，自制地雷，有钱出钱，有力出力，人人为革命做贡献，显现出极高的革命热情和牺牲精神。

这样，一个以玉屿村为中心，以看澳、土库两村为重点，连同毗邻的鹤厝、康安、江楼、当盛合计 7 村连片的革命根据地便开辟成功了。此外，还有潭西北的伯塘基点村，潭南的大福基点村，潭东北的大富基点村，屿头田下基点村，大练渔限基点村，虽然地域不相连，但可作为外援力量。

从此，玉屿村成为敌人不敢轻易冒犯的铜墙铁壁，成为海坛岛的"延安"，成为指引平潭人民前进的灯塔。

第七回　苏澳劫粮　虎口夺食

微风吹过，波澜不惊。1949 年 2 月的一天上午，一艘载有大米 300 担（15 吨）的商船，如同一条仰卧酣睡的巨鲨，正停泊在风平浪静的苏澳港内休憩……

也是这天上午，平潭游击支队在玉屿队部召开中队干部会议讨论筹集粮食问题。分管队伍经济给养的第一副支队长兼副政治主任吴兆英在会上做了主旨发言。他说：

"古人云，'兵马未动，粮草先行'。我们游击支队的粮草没有来源。一支 300 多人的队伍，一日三餐吃饭是个大难题。怎么解决？我们支队几位领导可谓是殚精竭虑，绞尽脑汁，想了许多办法的。

"一是支队领导带头捐献粮食。1948 年 9、10 月间，游击队刚组建初期，高飞把 30 多名游击队员看成是自己的家里人，吃，是高飞家的饭菜；住，是高飞家的祖屋；行，是高飞家的木帆船。为了解决游击队员的伙食费，高飞毅然卖掉一艘崭新的商船和自己的所有田地，做到了'倾家荡产干革命'，成为真正的一无所有的无产者。张纬荣向其父亲要来几大笔银圆给游击队购买粮食。吴秉熙毁家纾难，把祖遗的 3.5 亩田园、1 座四扇大厝，1 块菜地和 1 口粪池，一律变卖，所得钱款换成番薯米 60 多担，全部献给游击队。我吴兆英当然也不能落后，已经将绝大部分家产变卖，所得的大量银圆除部分支援五县中心县委主力游击队之外，全都交给平潭游击支队购买粮食。

"二是发动队员自带粮食。特别是1948年11、12两月，游击队的粮食都是依靠游击队员各自从家里带番薯钱、番薯米来缴交解决的。但是，有许多贫穷的队员，家无隔夜粮。有的队员家道虽然较丰，但其家却在敌占区，也不便回家取粮。所以后来就不再强调队员要自带粮食。

"三是向大户征粮。看澳'红色保长'高哲让，除自己带头捐粮食给游击队外，他还为游击队到玉屿、土库、江楼、当盛、过溪、罗澳、鹤厝安等村大户征收大量粮食。其中一次为游击队向江楼大户高尚民征收番薯米20担。

"以往我们通过多种办法，基本上度过了缺乏粮食、战士挨饿的难关。但是，我们的粮食库藏不多，今后的粮食还是很紧缺的，所以必须群策群力，继续筹集解决……"

"报告，"吴兆英发言尚未结束，负责情报的队员骨干吴祖芳就站起来抢着喊道，"我有要事要说。"

"好，你说。"吴兆英按按手，示意他坐下来慢慢说。

"据可靠情报，苏澳港里现刻停泊着一艘商船，船上载有大米300担。这些大米是苏澳自卫队长林正乾奉林荫之命购买的国民党政府公粮，今天尚未运走。如果能够把船上的300担粮食劫取到手，那我们游击支队缺粮的难题就会大大地缓解。"吴祖芳接着说道，"不过，停泊苏澳港内的米船正对着林正乾自卫队的大门口，100多号敌兵在岸上虎视眈眈地监守着米船。米船上还配有护船的长短枪各3支。这样，我们要去船上劫粮，无异于'虎口夺食'，可能没有胜算。"

"难啊，难！"许多同志听了都难免惊叹。

但吴兆英等支队领导听了却不以为然。吴兆英说："自古'虎口夺食险中求'，难是难，但难是挑战，也是机遇。我们应该想办法破难取胜！"

"老唐说得好！"支队长高飞说道，"这是'变敌人粮食为我粮食'的良机，我们不能错失这个求之不得的良机。"

政治主任张纬荣、副支队长吴秉熙也都兴致勃勃地表示，要在苏澳自卫队门口打一场"虎口夺食"的漂亮仗。

于是，支队领导当机立断，作出劫取这艘苏澳米船的决定，并即刻派吴祖芳再次到现场侦察。侦察时发现米船旁边还停泊着一艘运售红柴（当地渔民用以染网、染帆的染料）的商船。

根据这一情况，经过支队领导集体研究，决定参与劫粮的队员分为两组行动。

第一组为行动组。由吴兆英带领吴孟良等 10 位游击队员，化装成讨小海的渔民，携带 6 支手枪、10 把匕首、4 颗手榴弹，驾驶一艘小渔船，假装要到红柴船上购买红柴，伺机猛扑米船，控制米船上的船员。

第二组为掩护组。由吴秉熙带领高忠立等 11 位游击队员，化装成上山砍柴的农民，暗带步枪、大刀、手榴弹等武器，埋伏在下苏澳的山头上，负责对付可能给船上火力支援的林正乾自卫队。一旦敌自卫队向行动组开枪射击，就给以狠狠反击，起到牵制作用。

行动的时间选在当天夜晚满潮时刻。

傍晚出发前，高飞召集参与夺粮的两组队员开会，宣布行动计划，强调注意事项，检查伪装有无破绽。

会后，吴秉熙带领的掩护组先行出发，摸索着到预定的下苏澳山头上埋伏。

吴兆英带领的行动组也在即将满潮时赶到苏澳港岸边，登上事先准备的小渔船，驾驶至米船和红柴船之间，吴兆英谈笑风生，假装要买红柴，向红柴船上的船员询问价格，还同其讨价还价。米船是政府的官船，米船上的船工根本没想到有人敢上船行劫。因此，船上3个船工都躺在后舱休息。吴兆英见米船上没有船警，也无人影，忙发出暗号，10个队员出其不意一跃跳上米船，猛扑后舱，对着3个船工亮出手枪。3个船工面对突如其来的袭击，吓得呆若木鸡，不敢动弹。队员们立即砍断锚索，拿起竹竿，使米船撑离港岸，升起风帆，驶出苏澳港，乘风破浪，向玉屿澳疾疾驶去。

此时夜幕降临，港面苍苍茫茫。待林正乾自卫队哨兵发觉时，被夺走的米船已经离开澳口，他们只得在岸上大喊"土匪劫船嗷"。

林正乾获悉米船被劫，火冒三丈，忙命自卫队机枪手狠狠射击，但米船已经驶离很远了，根本不在射程之内，白白花了许多子弹。林正乾后来在林荫面前哀叹："好厉害的'共匪'，竟敢'虎口夺食'。"

这次苏澳夺粮，吴兆英亲自率兵深入虎穴，英勇机智行动，有惊无险，不费一枪一弹，不损一兵一卒，夺下粮食300担，长短枪各3支，取得了完全的胜利。

游击队虽然粮食紧张，但为了军民团结，高飞等支队领导根据吴兆英的建议，决定从这300担大米中取一半分给当地贫苦群众做口粮；另一半留做支队战备粮。游击队员平时依然吃番薯米、番薯钱等粗杂粮。当地群众见此，无不交口称赞，说平潭游击队员是"我们贫苦百姓的子弟兵"。

第八回　强化培训　提高素质

你是灯塔，

照耀着黎明前的海洋。

你是舵手，

掌握着航行的方向。

伟大的中国共产党，

你就是核心，

你就是方向。

我们永远跟着你走，

中国一定解放！

我们永远跟着你走，

人类一定解放！

连日来，每当晨曦初露之时，一曲《跟着共产党走》的雄浑歌声，便在玉屿澳内的一片金黄色沙滩上悠然飘荡起来。是谁这么早就在沙滩上唱歌呢？原来是正在进行军事训练的平潭游击支队的队员们……

300多人的平潭人民游击支队成立之后，吴兆英和高飞等支队领导在解决支队给养问题的同时，狠抓队伍培训，努力提高全体指战员的素质，使他们创建的平潭人民游击队伍成为一支特别会战斗的人民武装。

平潭人民游击支队的领导班子成员，才华横溢，各有特长。他们互相协作，集思广益，所作出的决策，都能达到思想统一、行动一致的目的。

高飞作为支队长兼党委书记，他当仁不让主持支队工作。然而他作风民主，有事总喜欢同大家商量。

张纬荣入党最早，文化程度和政治水准最高。

吴秉熙为人直爽，办事干脆，擅长军事。

吴兆英才智出众，善于思考，处事不急不躁，常有高明之见。他在平潭游击队中是位享有很高威望的领导人。

1949 年 2 月下旬的一天，高飞主持召开支队领导班子会议，研究强化队伍培训问题。高飞在会上说："兵在精，不在多，我们必须重视队伍的强化培训，努力提高指战员的政治素质和军事素质，使之成为一支用毛泽东思想武装起来的忠于党的特别会战斗的人民武装队伍。因此，要狠抓政治培训和军事培训。政治培训由小张（张纬荣）和老唐（吴兆英）负责，各中队指导员抓落实；军事培训由老金（吴秉熙）负责，各中队长抓落实。"

张纬荣就政治培训问题谈了自己的想法。他说："政治培训的主要内容，一是理想信念，二是革命气节，三是组织纪律，四是艰苦奋斗，五是群众路线；主要方法，一是大会讲课和小会学习文件相结合，二是理论和实际相结合，三是学习政治和学习文化相结合。"

吴秉熙谈了军事培训的打算。他说："军事培训就是军事训练，主要内容吗？一是队列，二是打斗，三是刺杀，四是射击。主要方法还是以中队为单位进行。"

吴兆英就政治培训和军事培训问题做了补充发言。

会后分头行动，组织落实。

政治培训的学习文件有毛主席著作《目前形势和我们的任务》《新民主主义论》《反对自由主义》，刘少奇《关于修改党章的报告》等。

大会讲课由 4 位支队领导轮流担任主讲，其主讲的主要内容是：

第一，要坚定信仰。信仰是一个人的骨架，一个人如果没有信仰，就等于没有骨架，站都站不起来，就不成人了。共产党员和革命战士的信仰，就是坚信马克思主义是颠扑不破的真理，坚信共产主义一定会在全世界实现，坚信中国共产党是伟大光荣正确的党，坚信新中国一定会成立。当前，全国解放战争形势大好。从 1948 年 9 月 12 日至 1949 年 1 月 31 日，历时 142 天，人民解放战争中的辽沈、淮海、平津三大战役，已经取得了伟大胜利，共消灭（含起义、投诚）国民党军 154 万。国民党赖以维持其反动统治的主要军事力量已经基本上被消灭。三大战役的胜利，奠定了中国人民解放战争在全国胜利的基础。全国革命胜利的曙光就在眼前，福建很快就会解放。作为一个共产党员，革命战士，对自己的信仰要坚定不移，不管遇到什么艰难困苦，都不能动摇信仰。

第二，要保持气节。要学习革命先烈，面对富贵利诱、严刑拷打，坚贞不屈，毫不动摇，永不叛党，始终保持铮铮铁骨的革命气节。要以革命英雄为榜样，以他们的英雄事迹来激励自己，鞭策自己。

第三，要遵守纪律。组织纪律是革命胜利的保证。加强纪律性，革命无不胜。共产党的纪律是铁的纪律，任何人都不能违反，谁违反了谁就要按情节轻重给予相应的处分。共产党领导的人民游击队，是不穿军装的人民解放军，是军人，不是老百姓。因此，大家都要做到：一是绝对服从上级的命令，服从命令是军人的天职，也是上级对下级的一项最基本要求。在作战时，勇敢当然很重要，但服从命令比勇敢更重要。二是严格保守秘密。暴露秘密等于破坏，等于叛变革命，任何麻痹疏忽都有可能给我们游击队带来灭顶之灾。三是认真遵守人民解放军的"三大纪律八项注意"。这是每个指战员都要牢记在心的纪律。

第四，要艰苦奋斗。以玉屿为中心的游击根据地建成了，但敌人还妄图"清剿"游击队，虽然他们没有得逞，但游击队的给养来源受到严重影响。因此，要发扬艰苦奋斗、勤俭节约优良传统，以顽强的革命精神，克服当下给养来源不足的难关……

在政治培训中，吴兆英等支队领导要求游击队员都要学唱《跟着共产党走》《团结就是力量》《三大纪律八项注意歌》《游击队歌》《新四军军歌》《渡江军歌》等革命歌曲。游击队员多数不识字，不能读书看报，而这些歌词内容进步、感人，形式通俗、易懂，朗朗上口，好读好记。高飞说："教一首歌就是上一堂政治课。"指战员们学会了都很爱唱，不但队伍集合时唱，就是平时饭后睡前也哼着唱着，唱出了理想信念，唱出了英勇战斗，唱出了严守纪律。其中最常唱的是《游击队歌》：

　　　　我们都是神枪手，

　　　　每一颗子弹消灭一个敌人；

　　　　我们都是飞行军，

　　　　哪怕那山高水又深。

　　　　在密密的树林里，

　　　　到处都安排同志们的宿营地；

　　　　在高高的山岗上，

有我们无数的好兄弟。

没有吃，没有穿，

自有那敌人送上前；

没有枪，没有炮，

敌人给我们造。

我们生长在这里，

每一寸土地都是我们自己的，

无论谁要抢占去，

我们就和他拼到底！

这首《游击队歌》，曲调轻快、流畅、生动、活泼，表达了游击战士们巧妙、灵活地与敌人周旋，伺机消灭敌人的典型形象。

在军事培训中，吴兆英等支队领导要求都很严格，他们要大家反复操练打斗、刺杀、射击，让队员们个个都能掌握实弹射击的要领。虽然因为枪少子弹缺，实弹练习比较少，射击不够熟练，但真枪实弹地练习了几回，开枪要领基本掌握了，一旦打起仗来，他们就敢于开枪，就能够用子弹击杀敌人。

在军事培训中，吴兆英等支队领导还要求队员们背记毛主席游击战争战略十六字诀"敌进我退，敌驻我扰，敌疲我打，敌退我追"和孙子兵法战争战略十六字诀"出其不意，攻其不备，声东击西，避实就虚"。虽然打战用计是指挥员的事，但战士们懂得战略战术，就会更好地执行指挥员的命令而打胜仗。

总之，经过几个月的强化培训，收获很大。全队指战员的政治思想觉悟和军事素质都得到普遍提高，更加坚定对党的信仰，增强革命必胜的信心，军民关系也更加密切，进一步稳定游击队伍，巩固革命根据地。

平潭革命根据地群众看到游击队严格遵守"三大纪律，八项注意"，不拿群众一针一线，还帮助他们挑水耕田；有大米就分给贫苦群众吃，游击队自己却吃烂番薯米，都非常感动。平潭人民游击支队得到广大人民群众真心实意的爱戴。当获悉林荫将纠集大股反动武装进攻我革命根据地时，玉屿、看澳、土库等7村根据地群众代表500多人，冒着滂沱大雨，赶到玉屿教堂参加会议。代表们纷纷表示要和游击队同生死共存亡，誓死保卫根据地。他们说，一旦敌人来犯，每个村民都是一名战士，农具就是武器，民房就是碉堡，家粮就是军粮。会后各村立即行动，有的修理枪支、赶制大刀，有的挖掘战壕、埋设地雷，有的建造碉堡、设置陷阱，军民联防，日夜站岗放哨，形成全民皆兵、军民共守的局面。敌人闻风丧胆，不敢贸然进犯。

平潭游击根据地虽然没有深山密林的天然屏障，但却有人民群众的铜墙铁壁，平潭游击支队不但站稳了脚跟，而且还发展壮大。后来平潭游击队伍成为一支战无不胜的"铁军"，说明吴兆英和他的战友当年狠抓队伍培训是多么英明正确！

第九回　临危受命　冒死谏诤

1949 年 4 月 18 日。四月的梁厝处处可见春光明媚的景色，青翠的山峦繁花似锦，春阳洒身，暖风拂面，和煦爽心。但此时行走在梁厝村头上的吴兆英和他的助手高名山，总觉得心中仿佛吊着一块石头，冷寒，沉重。

梁厝位于福清县城头镇，是革命老根据地基点村。当年闽中党组织和闽中游击支队司令部曾一度驻扎在这里。

那么，这回吴兆英和高名山到梁厝的使命是什么呢?

吴兆英在他的回忆文章《梁厝之行》里写道："1949 年 4 月，徐兴祖带 1 支枪回平潭见高飞和我，说他是奉闽中党组织之命来抓张纬荣，抓不到活的，死的也可以。说罢将手枪放在桌子上。我与高飞两人认为张纬荣一向忠于革命，绝不会是特务，决不能杀他，也不同意把人交出去，交出去就等于杀死他。徐兴祖也无意杀张纬荣，但闽中党组织的命令又不能不执行。因此，我们 3 人整整研究了一个晚上，最后决定由我去找闽中党组织负责人之一的陈亨源交涉。由高名山带路到福清梁厝，通过高名山亲戚梁宝月（原名梁宝钰）与闽中党组织联系。"

其实，深远的原由还得从"城工部事件"讲起。

1948 年 4 月，由于陆续发生中共闽浙赣省委常委兼军事部长阮英平被害和闽北游击支队从浦城返回地委机关途中遭敌伏击、闽西北游击纵队长沈宗文被敌诱捕、闽清县委在麟洞被敌破获等几个事件，闽浙赣省委便怀疑城工部组织有问题，并且作出决定："城工部是'红旗特务组织'，虽然不是城工部每个人都有问题，但一时难以分清，从安全着想，对派上山的城工部人员都要紧急处理；要解散城工部组织，停止城工部党员党籍，不许他们再以党的名义进行活动，立即通知各地执行。"城工部部长李铁和曾焕乾、孙道华、何友于、何友礼、洪通今等城工部领导骨干就是这样被"紧急处理"而遇难的。

1948年12月，林白从庄弃疾处听到大批城工部骨干被错误处理的信息之后没几天，就接到省委要他上山开会的通知。林白明知此次上山凶多吉少，有万般的危险，但他把自己的生死置之度外，随时准备牺牲，还写了一份遗书放在衣袋里，毅然应命上山，接受省委的审查处理。

1949年2月，福州街头出现由黄国璋、林汝南、陈亨源三人署名的《闽浙赣游击纵队闽中支队司令部布告》。布告称城工部副部长、五县中心县委书记林白是特务，要缉拿归案法办。这就将党内斗争公开化。

吴兆英等平潭地下党人对闽中支队司令部的"布告"都很反感，他们不相信城工部是特务组织，也不相信林白是特务。他们认为，即使城工部组织和林白个人有什么问题，但自己的共产主义信念不会动摇，革命意志不会改变，战斗精神不会萎缩。吴兆英他们一致发出"坚决跟党走，誓与林荫斗争到底"的战斗誓言，继续发动群众抗丁、抗捐、抗税、抗工，打击官僚、地主、恶霸。

然而，林白正在山上受审查，无法联系，又有此"布告"，平潭地下党和游击支队也只好同五县中心县委暂时切断关系。这样，平潭党组织和游击队伍再次同上级党组织断联，成为一个没有"娘"的孤儿。

闽中支队把张纬荣列为城工部重要骨干，先是以通知开会的名义要求张纬荣到闽中地委机关。但张纬荣接到通知后，因不知底细，便作了分析。他知道下级要服从上级，个人要服从组织，而地下党组织都是单线联系，他的上级依次是曾焕乾、孙道华、林白，而不是陈亨源。陈亨源凭什么对他发出那种强硬语气的"开会通知"？张纬荣入党后早已把自己的生死置之度外，他根本就不怕死，但他认为死要死得其所，死得有意义，死得光荣，死在同敌人拼搏的沙场上，而不是做无辜的牺牲。所以张纬荣没有到闽中地委去，他随即回平潭玉屿村根据地，与高飞、吴兆英、吴秉熙一起，继续发展武装斗争。同时设法找闽中地委陈亨源联系，请求消除误解。

可是，落花有意，流水无情。尽管张纬荣写了多封感人肺腑的书信给陈亨源，以大量无可辩驳的事实，说明平潭城工部不是特务组织，平潭游击队是党领导的人民革命武装，其宗旨是推翻国民党反动政权。但是，陈亨源却无动于衷，依旧认定张纬荣是福清、平潭城工部的主要领导人，是城工部重要骨干，必须抓捕处理。

于是，平潭籍的城工部人员，都被要求去抓捕张纬荣表明自己的立场，否则格杀勿论。杨清琪、曹于芳、林位恩、刘子辉、林斌等5位平潭籍城工部党员都因为没有抓捕张纬荣而不幸遇难。之后闽中支队又派五县中心县委委员兼东岭游击队政委徐兴祖回平潭抓捕张纬荣。这当然遭到吴兆英和高飞、吴秉熙等的坚决抵制……

吴兆英为什么要冒着杀头的危险"出使"梁厝谏诤呢？

这是从平潭游击队伍生死存亡的前途命运角度考虑的，是从对敌斗争的大局所作出的痛苦决定。吴兆英他们主要是考虑到平潭是孤悬海外的岛县，县内回旋余地有限，平潭革命队伍必须以内陆为依托，方可能进能退，立于不败之地。当平潭形势不利时，就必须撤退到邻县福清、长乐等地，而这些地方都是闽中支队的势力范围。不取得闽中支队的谅解，则无退身之地。再说，如果失去上级党组织的关系，平潭游击队就可能成了孤军困斗，难以持久坚守。因此，必须想方设法，不惜一切代价，力争消除上级党组织对平潭地下党的误解。

有刘子辉、林斌等人被杀害的先例，大家都知道，临危受命的吴兆英这趟"梁厝之行"存在生命危险。但是，把生死置之度外的吴兆英和高名山"明知山有虎，偏向虎山行"，他们俩就是抱着必死的决心到福清梁厝去见陈亨源的。

1949年4月18日，吴兆英和高名山两人来到福清梁厝梁宝月家住下，想通过梁宝月请求陈亨源接见。梁宝月在梁厝热心闹革命，为陈亨源所尊重。

获悉平潭游击支队代表来意后，闽中游击支队司令部意见不一，争论颇大。有人主张不接见，说："用不着听什么解释，难道特务还会自己承认？杀掉算了。"也有人主张接见，闽中支队司令部参谋长祝增华说："既然他们主动找上门要求我们接见，这就说明他们不是坏人。是坏人怎么敢来找我们呢？所以还是接见的好。"主张接见的人占了大多数，遂决定派长乐县委负责人陈志忠代表闽中支队司令部接见吴兆英和他的助手高名山。

这样，到了第三天，4月20日，陈志忠便到梁厝接见吴兆英、高名山两人。陈志忠对吴兆英、高名山两人的态度很冷漠，一见面，他就冷冷地问："你们都想死吗？"

"我们都不想死，但我们都不怕死。"吴兆英正色道，"平潭人民游击支队是一支忠于党的革命队伍，绝对不是什么特务组织。如果我们是特务，就不会主动上门来向你们反映情况。我们认为张纬荣不会是特务，请上级慎重考虑。”

在场的梁宝月也为平潭游击支队讲了许多好话。他多次去高名山家探亲，亲眼看到平潭游击支队纪律严明，尽做好事，深得民心，受到根据地人民的拥护。

但陈志忠听了吴兆英的表白和梁宝月的赞扬，都没有表态，始终一言不发。他冷冷地盯着吴兆英、高名山看了一阵，然后转身而去。

梁宝月见状忙劝吴兆英、高名山赶快回去，吴兆英也深感情况不妙，他对高名山说：“我们这次来这里，交涉不成就得死。为了表明我们是忠于革命的，绝不允许逃跑。要死，我们两人一起死。”

高名山回答说：“行，我绝对不会逃跑。”

陈志忠这一去，就是两天见不到他的人影。

两天之后的 4 月 22 日，陈志忠又来了。他一见到吴兆英，就拿出一支左轮手枪“啪”一声拍在桌子上，问：“你知道这支枪是谁的吗？”吴兆英认了一会儿后说：“这是林斌用过的枪。”

“你知道他的下场吗？”陈志忠又问。

“不……不大清楚。”吴兆英小心地回答。

林斌，平潭北厝华光村美楼人，1916 年农历九月初九日生。1943年就追随平潭革命先驱周裕藩参加革命，加入闽中党组织；后转入城工部党组织。他积极从事地下革命斗争，几次被捕，后都逃脱。

1949 年 2 月，林斌看到一份说城工部副部长林白是特务的布告，大惑不解，竟去见陈亨源，问：“这究竟是怎么回事？”陈亨源回答之后，叫他回去将平潭游击队伍带到长乐来接受闽中游击支队司令部整编。林斌答应了。但高飞早得张纬荣通知：“在情况未弄清之前，不许任何人以任何名义来接收平潭游击武装。”林斌带不走平潭游击队伍，便打算到长乐向陈亨源陈述实情，以求他的谅解。这时城工部大批骨干遇害的事，已经传得沸沸扬扬。他的好友杨乃佑知道此事，便力劝他取消此行。但林斌以"革命不怕死，怕死不革命"的壮语作答。林斌来到长乐后，先见到陈亨源的助手林得利。林得利出于爱护，耐心地对林斌说："你既然没有把平潭队伍带出来，那就不要去见老大（即陈亨源）。现在去见老大不一定有好处。你还是先上连江或东岭，待风头过了之后再说。"可林斌为求得陈亨源的谅解心切，且自恃赤胆忠心干革命，无所畏惧，故坚持要见。结果被陈亨源下令杀害于长乐小泄沙埔，时年仅 33 岁……

其实，林斌的死，吴兆英不但知道，而且很清楚，他真想质问陈志中，闽中党组织为何滥杀无辜？但考虑到临危受命的自己身上正担负着"争取闽中党组织消除误解"的使命，只好忍下心头怒火，含糊其词地作答。他沉吟道："我和林斌曾一起工作过，那时候没有发现他有什么问题。至于他后来的事，我就不知道了。但他是他，我们是我们。我虽然不大清楚林斌近况，却知道张纬荣不是国民党特务，绝对不能杀。杀了张纬荣就会引起军心动摇，国民党反动派就会趁机进攻，一支 300 多人的游击队伍就会面临溃散覆灭的危险。请闽中党组织不要干亲者痛仇者快的事。"陈志忠听了不置可否，却煞有介事地问："你们想怎么死？是枪决，还是活埋？"

"别用死来吓唬人。"吴兆英正色道，"哼，我们如果怕死就不会来，但死要死在同国民党反动派拼杀的战场上，而不是这样不明不白地死在自己人手里。"陈志忠听后似有动容，正色道："那好吧，我们就给你一个在战场上与敌人拼搏的机会，用实际行动来证明自己。"说完他就拿出一张小纸片扔在桌上，扬长而去。

吴兆英捡起小纸片一阅，顿时激动得热泪盈眶，几天来吊在心上的一块石头终于落下了。他忍不住放声高呼："平潭人民游击支队有救了。"

　　那么，陈志忠扔给吴兆英那张小纸片写的是什么？吴兆英看了之后为何会如此激动？

第十回　破釜沉舟　接受考验

"限四月初十日之内，消灭林荫反动武装部分或全部。陈亨源。"

原来小纸片上写的是这 24 个字。这 24 个字是一道命令，是为了考验平潭人民游击支队而下达的一道命令。

这个命令的考验条件很是苛刻，执行这道命令的难度很大。一是限定时间短，下达命令的时间是 4 月 22 日，距离限定时间 5 月 7 日（即农历四月初十），只有 15 天；二是敌强我弱，双方力量悬殊。

平潭人民游击队伍自 1948 年 9 月成立以来，在党组织的领导下，从隐蔽到公开，从 30 多人发展到 100 多人，又由 100 多人发展到 300 多人，并在玉屿、看澳、土库等 7 个村庄连片建立革命根据地，成为一支敢于同国民党反动军队公开对抗的人民革命武装。但是，他们的力量还是十分薄弱，武器装备很差，只有 1 支冲锋枪、50 多支长枪、10 多支短枪。而平潭国民党反动武装有 600 多人，枪支弹药充足，仅机枪就有 21 挺。由于敌强我弱，双方力量悬殊，要在这么短的时间内消灭林荫反动武装部分或全部，解放平潭岛，谈何容易？弄不好就会全军覆没。因此，平潭人民游击支队指战员中难免有部分人产生畏难情绪，甚至有个别人说："这是鸡蛋碰石头，根本没有胜算，千万不可轻举妄动。"

然而，吴兆英和高飞、张纬荣、吴秉熙等支队领导却都满怀喜悦地说："这是平潭人民游击支队走出困境的良机。"

1949年4月23日，在传达"梁厝之行"经过的支队领导班子会议上，吴兆英举着那张小纸片说："我和高名山冒死带回来的这张小纸片，虽然很小，全文只有24个字，但分量很重，意义很深。这说明闽中党组织不再坚持以捕杀我们的政治主任作为条件；这说明闽中党组织已经承认我们平潭游击支队是闽中支队司令部的下属部队，虽说是给我们一次考验机会，其实是要争取和团结我们。为此，我们应该欣然接受这个考验，破釜沉舟，同林荫反动武装决一死战。"

"是呀，我们应该接受这个严峻的考验。虽然时间紧迫，力量悬殊，条件苛刻，但能与敌人在战场上拼搏，是求之不得的，我们万死不辞。"吴秉熙说。

"现在我们别无选择，只能破釜沉舟，接受考验，同林荫反动武装决一死战。"张纬荣说。

高飞最后发言，他说："这道闽中支队司令部的命令来之不易，是我们支队领导一直争取的结果，是吴兆英和高名山两同志冒着杀头危险换来的。虽然敌强我弱，任务艰巨，但作为一支由中国共产党领导的革命队伍，上级党组织的命令又必须坚决服从。如果不执行闽中党组织的命令，不消灭林荫国民党反动武装，闽中党组织就不会相信我们是党领导的革命武装队伍，就有借口说我们是'红旗特务组织'而加以残酷的取缔。因此，我们必须破釜沉舟，接受考验，同敌人决一死战。"

此时，"破釜沉舟，接受考验"这8个字是支队领导们的共识，没有谁有丝毫的迟疑和犹豫。

1949年4月24日上午，支队召开全体指战员大会，由政治主任张纬荣做战前动员报告。他说："虽然我们游击支队力量薄弱，武器装备很差，两军力量悬殊，但我们的优势还是很多的。第一，当前全国革命形势大好，今年1月31日，北平和平解放，昨天，4月23日，南京解放，现在南下解放大军势如破竹，全国革命胜利的曙光已经显现在我们的面前，这将鼓舞我们游击队指战员为胜利而英勇战斗。第二，我们平潭游击支队指战员，都是在惊涛骇浪中成长的海坛健儿，本来就英勇顽强，加上当前处于内部取缔和外部'围剿'的'两面夹攻'的险恶环境之中，这就激励我们指战员'背水一战'，不怕牺牲，破釜沉舟，决一死战，去夺取胜利。第三，我们游击队的指挥员都是革命知识分子，熟读兵书，善于用计，用了计就可以像曹操、诸葛亮那样，四两拨千斤，以弱胜强，创造胜战奇迹。第四，曾焕乾3年前派吴秉瑜回平潭组织武装暴动，做了大量有效的准备工作，后来由于'码头事件'而流产，但打入敌人武装队伍中的策反内应人员，没有暴露；为暴动而建立的统战关系，依然存在，这就为我们这次解放平潭打下了极为有利的基础。"

4月24日晚上，高飞主持召开支队领导班子会议，布置制订作战方案。他说："由于作战方案关系到作战的成败，所以这几天我们全体支队领导成员都要动动脑子，考虑这个作战方案，使我们这次攻城之战，能够创造出一个类似三国"官渡之战"那样'以弱胜强'的奇迹。"

4月25日晚上，潜伏在县城的地下党员负责人林祖耀回玉屿根据地向支队领导汇报敌情，准确提供了林荫在县城的兵力布局和武器装备情况。

为了制订攻城作战方案，支队领导多次同中队、分队干部座谈，广泛听取大家的建设性意见，思路得到进一步开拓。到了4月28日，一个颇为理想的解放县城的"作战方案"，便在支队领导们的脑子里形成了。

于是，4月28日晚上，高飞又主持召开领导班子成员会议，通过攻城作战方案。分管军事的副支队长吴秉熙在会上提出经过大家深思熟虑的"作战方案"要点，并做了详细说明。他说：

一、举事的日期定在5月7日。

这是闽中支队司令部限定的时间，不能推迟，由于要做大量的准备工作，也难以提前。当然，如果遇到特殊情况，就必须根据新的情况提前或推迟。

二、进攻的时间为夜晚。

这是由于武器装备悬殊之故。我方以大刀为主，武器较差，白天作战必然吃亏，只能选择夜战、近战，利用夜色作掩护，与敌人作近距离的拼搏，可以避我枪支弹药不足之短，扬我指战员作战勇敢之长。

三、作战的主攻方向为中正堂。

平潭国民党武装在县城的布点，除了林公馆的林荫私人卫队之外，还有3处：一是中正堂，驻有自卫队1个中队2个分队100余人；接兵连30多人；盐缉队10多人，合计150多人。二是警察局的警兵40多人。三是参议会炮楼守兵10多人。

中正堂是1946年3月建成的独立大楼。整座楼坐东朝西，前半部为木石结构的三层楼房，后半部为长38.8米、宽18米、高9米屋架结构的大会堂，是当时县内屋架跨度最大的建筑物。在国民党统治时期，它是驻兵、集会和大型活动的场所。中正堂的四周没有围墙，同民房隔开比较远，便于布兵包围。只要能够冲进中正堂的大会场内，就可造成"关门打狗"之势。中正堂里虽有驻兵150多人，但兵分3股，各自独立，指挥不统一，战斗力不强。而且，中正堂内的自卫队里有潜伏的地下党员杨建福同志，可以"里应外合"拿下中正堂。只要拿下了中正堂，夺取3股敌人的枪支弹药来装备自己，其他两处的敌人武装就不足为虑了。何况中正堂里还封存着大批的备用武器。中正堂楼层高，又处于县城中心，拿下了中正堂，就等于控制了整个县城。因此，主攻方向定为中正堂。

四、这场战役的计策是"调虎离山"。

在敌我双方的作战中，要打胜仗，就要用计。在"以弱胜强"之战斗中，历来都是"计取"为主，"力敌"为辅。

根据内线人员林祖耀、杨建福等同志的报告，解放县城的拦路虎有大、小两只，都要分别采取"调虎离山"等连环奇计把他们搬掉，方可取胜。

"大虎"是林荫及其私人卫队，虽然其私人卫队只有30多人，但他们都是林荫的亲信，个个勇武过人；而且武器装备精良，所以战斗力极强。林荫本人又是军事科长出身，善于指挥战斗。如果林荫不离开县城，当我们攻打"中正堂"的枪声一响，他就会指挥其私人卫队和县上其他反动武装一道出来援救，那就麻烦了。因此，我们必须以"打草惊蛇"之计将林荫和他的私人卫队调离县城。

"小虎"是驻扎在中正堂里的中队长林诚仁。他是林荫的得力干将，如果不把他调离，在我们围攻中正堂时，他就会指挥其部属士兵顽抗，使潜伏在自卫队内担任第一分队长的地下党员杨建福难以发挥作用。如果我们袭击中正堂时，中队长林诚仁不在，作为第一分队长的杨建福，便有权代表中队长林诚仁下令缴械投降。那么，如何调离这只小老虎呢？杨建福同志知道林诚仁的德行：好色、嗜赌、有鸦片瘾。所以想了一个办法，将他诓出中正堂。

五、这场战役的战术是各个击破，速战速决。

先歼县城之敌，后歼农村之敌；县城中先攻中正堂，后打警察局。县城之战要限在次日上午8时之前结束，以防农村之敌赶到县城增援，造成腹背受敌……

吴秉熙一说完作战方案要点，支队领导班子成员就异口同声表示赞同。张纬荣说："老金提出的作战方案要点符合实际，切实可行，可以布置下去。但要告诉大家，这个作战方案要点都是绝对的军事机密，一旦被泄露，那就千里筑长堤，功亏一篑了。所以要严守军事机密，做到攻其不备，出其不意，一举成功。"

作战方案既定，指战员们便分头行动。

中队长们日夜带领本中队队员操练夜战、近战的拼搏武艺。玉屿党支部书记吴聿静组织村上能工巧匠打制大刀、戈矛。徐兴祖带几名战士前往连江丹阳和福州东岭分别向杨华连罗游击总队和江枫游击队借枪。

5月1日，高飞、吴秉熙带领一个20多人的小分队突然袭击林荫小舅子高尚民的江楼老家，抄走他家的全部武器，并放出风声说近日就要抄林荫的老家。林荫在老家官井村盖有一座华丽的双层楼房，称"荫庐"，其门、窗、外墙、内壁的石雕异常精美，乃当时全县第一豪宅，距其小舅子家江楼村仅500米之遥。林荫果然中计，他听到风声之后，次日就携夫人率私人卫队30多人，浩浩荡荡地回到离县城10多千米的官井村老巢驻守了。

5月3日晚，张纬荣带领陈孝义、吴孟良、吴吉祥3人潜入县城检查内线工作的落实情况。

5月4日午饭后，吴兆英和高飞、吴秉熙等3位在家的支队领导一起来到队部，正坐下来准备商量事情时，忽见陈孝义等3位队员慌里慌张地跑进来报告："政治主任被国民党海上巡逻警抓走了！"

"啊！"仿佛晴天霹雳，吴兆英和高飞、吴秉熙等 3 人见说都不免惊叹一声。在这关键的时刻张纬荣被抓，对于即将举事的平潭游击支队，无疑是个重大的打击。但他们都具有遇变不惊、临危不乱的素质，只愕然一瞬便冷静下来。高飞对陈孝义说："不要慌，慢慢说，政治主任究竟是怎样被抓的？"

第十一回　以弱胜强　创造奇迹

陈孝义汇报了政治主任张纬荣被抓的经过。

原来，解放平潭县城的作战方案确定之后，张纬荣深感这场"以弱胜强"的战役，内线的默契配合是至关重要的一环，便于5月3日晚携陈孝义、吴孟良、吴吉祥等3人潜入县城检查内线工作的落实情况。他在县城不敢久留，在检查完毕，得出"内线布置就绪，可以如期举事"的结论之后，便于5月4日早晨到东坑澳口乘坐小船，准备从海路回玉屿。没想到小船刚离岸不久，一艘国民党警察巡逻船便迎面驶来。为了避免被敌船撞上，张纬荣下令掉转船头往回开。敌船见小船形迹可疑，就加速追逐小船。慌乱中小船在一处沼泽海滩搁浅。小船一搁浅，4人都马上脱鞋下水奔跑。不料只跑几步，张纬荣的左脚板就被暗藏沙滩上的尖利蛎壳刺破，血流如注。他忍痛踉踉跄跄地走上岸后，便再也走不动了。陈孝义等3人都过来要背张纬荣走，但他怕连累大家都走不成，无人回去报信，影响举事大局，便以组织名义，命令陈孝义等3人立即分散回去，向高飞等支队领导汇报检查结果，举事不可拖延。下完命令，张纬荣强行走至一个隐蔽的山洞里躲藏起来。陈孝义等3人都有意把上岸的敌人引离山洞，但狡猾的敌人却循着地上的血迹寻至洞口把张纬荣抓走，押送到巡逻船上……

听完陈孝义的汇报，高飞、吴兆英、吴秉熙等3人当即商议应变计策。他们分析，平潭国民党当局一定会对张纬荣下毒手，一定会警惕突然回城这个行动，加强防备。他们一致认为，如不先下手为强，不但张纬荣性命难保，而且进攻县城也难于成功。为了先发制敌，及时营救张纬荣，他们3人果断决定提前两天于5月5日夜间发起攻城。

为了确保解放平潭县城之战一举成功，他们狠抓举事前的各项准备工作。

第一项，组织攻城队伍。挑选117名精干队员参加攻城战斗。再从参加攻城的117名队员中，采取自愿报名和组织审批相结合的办法，选拔一不怕牺牲，二身体健壮，三武艺高强的40名勇士组成敢死队，命吴国彩为敢死队队长，下分4个小组，分别由吴翊成、高扬泽、吴秉华、吴国彩（兼）担任小组长。

第二项，整修武器。发动同志们开展"磨刀洗枪"竞赛。磨刀和洗枪两项各设一、二、三等奖。得奖者分别奖励猪肝、猪肚、猪大肠各半只。那一夜，玉屿村响起的磨刀声不绝于耳。

第三项，会餐壮行。这天是新历5月4日，正逢立夏节气，平潭农村有过"夏节"吃好饭的习俗。为了给指战员壮行，支队借用过"夏节"的名义，杀了一头大肥猪，调出库藏大米200斤煮干饭，配猪肉，给游击队员傍晚会餐，改善一下生活，以鼓舞指战员的战斗士气。

第四项，战前动员。会餐后，117名攻城队员集中到后山碉堡开会，听取支队领导做临战动员报告。在报告中强调说，决定战争胜败是人不是武器。我们虽然武器装备不如林荫国民党兵，但我们游击队员个个都是不怕流血牺牲的英勇战士，一定会取胜的。

第五项，大造革命舆论。5月5日上午，高飞、吴兆英、吴秉熙各带领一个小分队分别到县城周边几个乡村张贴《中国人民解放军布告》，并召开群众会宣传发动群众支持革命，告诉群众南京已于4月23

日解放，渡过长江的解放大军正向南方各省进军，全国很快就会解放。

1949年5月5日，这是一个载入革命史册的光辉日子。这日，当凝重的夜幕降临之际，117名平潭游击健儿，人手一把大刀，另加1支冲锋枪，10多支短枪，50多支长枪，在高飞、吴兆英、吴秉熙的直接带领下，由施修俊带路，沿着一条海边野径，神不知鬼不觉地向平潭县城悄悄进发。

将近夜半，队伍到达县城的城郊，高飞命令暂停前进。先派一个行动组进城割断敌人的电话线，使他们不能互相联络。

待到6日凌晨1点，县城解除戒严，巡逻哨皆已撤除，大队人马方迅速地摸进城里。随着高飞的一声令下，以吴国彩为队长的40名敢死队队员很快就把鹤立鸡群般的中正堂层层包围起来。敢死队第一小组吴翊成、吴聿杰、施友声、庄家祥等4人首先匍匐在南面墙脚的水沟中，然后爬行到中正堂南门附近埋伏下来。此刻，只见两个敌哨兵手握长枪，面朝门外警惕地站着，不好动手，便继续隐蔽，待两个敌哨兵转身脸朝内点火抽烟时，吴翊成一马当先，从沟沿飞跃而起，向大门冲去。不料却被转身的敌哨兵发觉。他们边喊口令边关门，可吴翊成已奋勇杀到，敌哨兵一时无法把门关上。此时，敢死队员高扬泽、高扬寿、施友声等人已经冲至门前，合力把大门推开。吴兆英随吴国彩率领的敢死队员蜂拥而进，一起高喊"缴枪不杀"。但楼上敌人闻声用机枪封锁大门，冲在最前头的吴翊成面部中弹，鲜血泉涌。队员们个个奋不顾身，冒着机枪弹雨开始了事先策划的各个击破的战斗。最先被拿下的是住在楼座下面的接兵连。他们刚从睡梦中惊醒过来时便在冰冷的大刀下当了俘虏。接着，准备解除睡在舞台上的盐缉队武装。但是，盐缉队长惊醒后用2支驳壳枪向敢死队员射击，吴国彩手臂中弹受伤。在场的吴兆英叫他退下，而他忍痛冲上去用大刀砍断盐缉队长的两个手指，并缴了他的枪。敢死队员随之冲上舞台，活擒了全部盐缉兵，结束了楼下的战斗。再接着，攻克住在楼座上的强敌自卫队。该自卫队有100多人，宿营于关了楼门的楼座上。他们个个荷枪实弹，居高临下地防守，敢死队难以占便宜。幸好，临时行使中队长职权的地下党员杨建福一直禁止自卫队开枪，可有一机枪手名叫林其太，是敖东芬尾人，仍然时不时向南边大门口射击。杨建福见状狠甩他一个耳光，骂道："笨猪，楼下油灯昏暗，怎能辨认敌我？且双方正在肉搏，即使白天，也难开枪。谁敢不听从命令，我就毙了谁。"经这一打一骂，楼上才没人敢开枪。

当中正堂鏖战之时，自卫队中队长林诚仁尚在外面吞云吐雾，大过其烟瘾。这时南风甚大，他隐约听到中正堂方向有枪声，立即赶到中正堂西向大门叫门，被杨建福早已部署好的亲信李云坤拒于门外，并趁乱开枪将其打跑。

这时，吴兆英摸黑趋前，为防止自卫队开门出击，他当机立断命令吴聿杰搬运楼梯，攀上二楼楼座，吴秉华、高扬龙等游击队员紧跟而上。

此时，杨建福见火候已到，忙吹哨下令投降："为保兄弟们性命，全中队缴枪投降。"杨建福带兵恩威并重，不但在第一分队说一不二，就是第二分队的分队长和许多班长，也都是他的结拜兄弟，所以无人不服从他的命令；当然，在大势所趋中也无人不顾惜自己的生命。因此，自卫队全部投降了，一场奇袭中正堂的战斗仅仅两个小时便胜利结束了。

6日凌晨3时，中正堂战斗结束后，吴兆英立即通知游击队员用缴获的枪支弹药武装自己，使他们如虎添翼。

此时，天尚未亮，高飞带领30名游击尖兵把县警察局团团包围起来。警察局内有武装警兵40多名，他们获悉中正堂驻军已经全部投降，都吓破了胆，岂敢贸然反抗？高飞为了避免不必要的伤亡，立即派施修俊、吴聿杰进去劝说局长游澄清，要他务必在上午8点前投降，否则将血洗警察局。游澄清乃林荫的亲信，本属顽固派，可此刻，他见形势不妙，又有我内线人员陈徽梅、施修若两个警官在旁劝说，不禁萌生了投降之意。但他又怕承担投降的责任，被林荫怪罪查办，故迟迟不肯投降，一直拖延至7点多，他还推托说："只要郑县长下令，警察局就投降。"

郑县长，即郑叔平，平潭大中人，福州英华中学毕业，文人出身，曾任高诚学秘书，颇为开明。1947年8月接替林荫出任平潭县国民政府县长，但平潭县的实权仍掌握在国大代表林荫手里。

游澄清的话音刚落，县政府秘书高蔚龄便破门而入，向他交了郑叔平的手令。游澄清接过一看，只见上面写道："速速缴械投降，切切勿误！郑叔平。"但游澄清看了郑叔平的亲笔手令后却说"等上午10点一定投降"，妄图拖延时间，等待林荫率兵反扑县城时来个里应外合。高飞识破他的缓兵之计，命他立即投降，否则武力强攻。此时他无可奈何，方命令全体警兵放下武器，向我游击队投降。

郑叔平的投降也是事出无奈。就在高飞带领一批40名游击队员包围警察局的时候，另一批30名游击队员在吴兆英的带领下，冲进了郑叔平的公馆，向他宣传全国革命形势和我党优待俘虏政策，要他立即释放张纬荣，限他8点之前投降，并要他命令县警察局警兵和县参议会炮楼士兵向我缴械投降。此时，同我党有统战关系的高蔚龄、吴自寿（县副参议长）、林培青（县教育科长）等开明人士也一起劝说郑叔平投降，并答应给予优待条件，保他平安无事，否则将对他大大不利。在此大势已去的情况下，郑叔平便一一点头照办。在释放了张纬荣之后，他急急写了两份手令，分别命警察局和参议会炮楼缴械投降。所以，上午8时，驻县城敌军便全部消灭了。

张纬荣被捕期间，在敌人的严讯下坚贞不屈，视死如归，不但没有暴露党的机密，而且还唱革命歌曲，向看守人员进行革命教育，从而感动了他们，有的还为他通风报信，设法营救。

上午8点，解放县城战斗一结束，高飞就命高泉发赶回玉屿根据地，通知留守根据地的负责人吴聿静、高名庄带领250名预备队员坐船开来助战。高泉发刚刚到玉屿，林荫就召集官井、梧凤楼等村地方武装，到县城反扑。出嫁到看澳的梧凤楼女子林大一妹在娘家看到这个情况，立即赶回夫家革命根据地呼喊："你们快去，林荫组织队伍打县城。"有人责备林大一妹。而她直言不讳："我宁可同娘家断路，也不能让夫家绝户。"这250名预备队员闻信把搁浅在海滩上的17艘渔船推入海中开往县城。

为了防止驻官井的林荫率兵来县城反扑，吴兆英指挥游击队员，把队伍布防在城北和城东，以迎击来犯之敌。

果然上午11时，驻守官井的林荫惊闻县城失守，便亲率私人卫队、地方武装和驻苏澳的林正乾自卫队共400多人，配备10挺轻重机枪，开来县城疯狂反扑。

全副武装的平潭人民游击支队，早作周密部署，严阵以待。防守北炮台的吴秉华用机枪封锁敌人的进攻。高扬泽率领一个小分队从北炮台匍匐冲出，击退一股摸索前来的敌人。高兆福操作的九四式重机枪打得又准又猛，给敌人很大的威胁。但狡猾的敌人以排水沟为掩护，举着战旗，步步逼近县城。在此关键时刻，预备队赶来增援参战。吴兆英、吴秉熙带领特务队，在吴翊金吹起冲锋号时突然反击，夺下敌人的战旗，我军乘胜追击，敌军混乱败退。经过4个小时的战斗，打到下午3时，林荫敌军便全部狼狈逃窜。

由此，平潭县城第一次获得解放，共消灭国民党武装200多人，缴获敌机枪11挺、长短枪300多支、手榴弹5000多枚、子弹5万余发，创造了闽浙赣游击斗争史上的奇迹。

县城解放之后，为了防止溃败的林荫残军向我根据地进行报复，吴兆英和高飞等领导决定游击队主力返回玉屿村驻扎待命。

于是，6日傍晚，支队用3艘大船和14艘小船，运载缴获的枪支、弹药、粮食、药品，浩浩荡荡地回师玉屿根据地。

不出吴兆英他们所料，5月7日凌晨，林荫和他的部将林正乾就率领数百名敌兵前来侵犯玉屿村。他们以为游击队主力都在县城，便可一举端掉革命根据地，不料却遭到我游击队主力和根据地人民的猛烈反击。没打多久，就逼得他们败退到林正乾的老巢紫霞村。林荫见游击队来势汹汹，锐不可当，自知不是对手，慌忙携残兵退到地势险要的桃花寨山。

林荫为了破坏我游击队的声誉，指使土匪林起栋、肖善清冒称我游击队，驾驶"海驹"号等2艘汽船停泊在娘宫海面上行劫。5月7日中午，支队领导获悉后立即组织16名战士，化装成买盐的渔民，由特务队长高名山带领，驾驶一艘小帆船，前去剿灭。小帆船从玉屿澳出发，顺风顺水，只1小时便驶至娘宫海面。匪徒们没有防备，我小帆船一靠近"海驹"号，轻重机枪就一齐向敌汽船猛烈射击，吴祥惠第一个跃上敌汽船，连投4枚手榴弹，把匪徒压向后舱内。接着，吴翊金、高扬龙、吴友龙、高亦俊也跳上敌船，使他们措手不及，跳海逃生。此役当场击毙匪首肖善清，活捉匪徒10多人，缴获"海驹"号大汽轮1艘，长枪20多支，短枪2支，冲锋枪1支，粮食30多担，真可谓满载而归。另一艘敌汽船见势不妙，掉头逃遁。

两天 4 战 4 捷,陆战海战皆胜,平潭人民游击支队名声大振。民间流传歌谣曰:

> 游击队不简单,
> 大刀战胜机关枪;
> 游击队真英雄,
> 小帆船能擒大汽船。

林荫见大势已去,一面派代表同我"谈判"求和,要求游击队进驻县城,让他们退居官井,互不侵犯;一面向省保安部队求援,妄图东山再起。吴兆英和高飞等识破其阴谋,指出只有在 3 天内向我缴械投降才是唯一的出路,否则将彻底剿灭他们。而省保安五团获悉我游击队英勇善战,队伍只开到福清海口,便借口没有平射炮而拒绝来岚救援。在此"叫天天不应,叫地地不灵"的态势下,林荫于 5 月 12 日由国民党"宝应"号军舰掩护,逃往白犬列岛去了。

也是 5 月 12 日这一天,平潭人民游击支队解除了东庠岛 40 多人的"民防队"反动武装。

至此,平潭的反动武装力量全部被消灭,平潭全境获得解放。平潭人民游击支队经受了严峻的考验,他们用消灭林荫反动武装的实际行动证明自己是一支忠于中国共产党的人民革命武装,从而得到了闽中支队司令部的传令嘉奖。

1949 年 5 月 13 日,经闽中支队司令部党委批准,平潭县人民政府成立,高飞任县长,吴兆英为主负责领导游击支队,下设 10 个行政单位,任命徐兴祖为潭南区区长,陈国义为潭城镇镇长,陈孝义为苏澳镇镇长,王祥和为流水乡乡长,林奇峰为中楼乡乡长,高名峰为龙泉乡乡长，李登秋为潭东乡乡长，高扬泽为大练乡乡长，吴聿静为屿头乡乡长，陈功奇为东庠乡乡长。这是全省在解放战争时期第一个依靠游击队自身力量成立的县级人民政权。

成立平潭县人民政府这一天，吴秉熙带领300多名游击队员从玉屿澳坐"海驹"号汽船来县城驻防，负责保卫新生红色政权。

由于当时福建省尚未解放，要巩固红色政权，必须扩大武装队伍。至5月16日，平潭游击支队扩大到500多人，其中女队员10多人。10个区镇乡发展的不脱产武装队伍达600多人。

平潭县人民政府挂牌成立之后，接收旧政权的财产和档案，派出10个工作队下乡，发动群众，组织民兵和农会，没收官僚资本，开展分粮和减租反霸斗争，发展渔农业生产，禁赌禁鸦片，保护民族工商业，出现了社会秩序井然、人民安居乐业的新局面，平潭全岛处处可闻"解放区的天是明朗的天，解放区的人民好喜欢"的欢乐歌声。

第十二回　转战外线　菜安大捷

　　然而，好景不长，平潭人民时运未到，仅仅欢喜59天，以李天霞为军长的国民党第73军（含天九部队和林荫残部）近万人，就于7月3日占据平潭。全县从大岛至小屿，无村不扎营，无户不驻兵。他们在岛上横行霸道，烧杀掠夺，强占民房为营房，强拆门板作床板，强迫群众筑碉堡、挖战壕、修道路，稍不满意就拳打、脚踢、皮鞭抽。他们封锁所有澳口，严禁渔民出海捕鱼和经商。他们强化户口管理，实行"五家联保"，多次开展地毯式"清乡"，妄图灭绝岛上的地下党员和游击队员，顿时白色恐怖笼罩着平潭城乡的每个角落，海坛岛民又处于水深火热之中……

　　不过，平潭人民游击支队主力150人早在3天前就奉闽中支队司令部之命撤离出岛，转移到福清、长乐、永泰等地开展外线对敌斗争。这样既保存革命力量，又配合南下大军解放福州地区。没有撤离的350多名游击队员则分散潜伏岛内，转入地下革命斗争。

　　此事吴兆英在回忆文章中有细说："国民党73军即将来犯。6月25日接到闽中地委命令，要游击支队部分主力在6月底之前撤出平潭，转移到福清、长乐、永泰等地开展外线对敌斗争。我们于6月29日离开县城，集中在小练岛上。30日乘船从长乐松下登陆，经福清县前林、七社等村开赴闽中游击司令部。队伍经过几天行军，途经福清县老区云中洋村时，受到当地地下党同志和群众的热情接待。我们在云中村作短暂休整，并参加夜间扰敌斗争……"

6月30日离岛的平潭游击支队主力150名指战员（其中女同志3人），在高飞、吴兆英、吴秉熙的带领下，于7月24日途经福清革命老区云中洋村时，热情的当地地下党同志和群众把他们安排在宽敞而静幽的庐岩寺古刹里住宿。

平潭人民游击支队原政治主任张纬荣也同期离岛来到福清，由于闽中党组织对他个人的误解未完全消除，所以他没有跟随将要前往闽中支队司令部的主力队伍，而是留在福清、长乐沿海一带乡村，和吴聿静等同志一道组织群众，做好大军解放平潭的支前工作。

驻福清县城的国民党第90军是新近才奉命调来的，云中洋党支部根据上级党委的指示，打算在敌军立足未稳之际给予袭扰，以乱其军心。出于革命友谊，平潭游击支队主动把这个扰敌任务接了过来，组织了各30人的3个小分队，分别由高名山、吴章富、吴秉华3人带领，在福清县城的城西、城北一带袭扰敌人。7月6日晚上，3个小分队趁县城守敌看戏之机，通过北门凤凰山，潜入城内向各处岗哨营房打冷枪。敌人本是惊弓之鸟，遭此突然袭击，吓得惶恐不安，戏也看不成。由于天黑，敌人看不清开枪的人，只能盲目追击，胡乱开枪，结果自相误打，直闹到天亮方知上当。可我3个小分队见好就收，在完成任务之后，就撤退回来。不过，撤退回到云中洋根据地的，只有吴秉华一个小分队30人，由高名山、吴章富分别带领的两个小分队共60人，却留在半途中的菜安村过夜。

盘踞福清县城的敌军，连续遭游击队袭击，寝食不安。为了稳定军心，决定派出一个团的兵力，向老区云中洋扫荡，以解除心腹之患。

云中洋位于福清北端崇山峻岭之中，从福清县城到云中洋，有三条路可通：第一条路是从苍霞口经龙溪上天吊岭，然后从天吊岭顺山道进云中洋。这一条路较近，但天吊岭山高路险，有'一夫当关，万夫莫敌'之称，故一般敌人不敢走。第二条路是绕道珰口从野竹弄进云中洋。但这一条要绕道珰口，路途太远，且中途还隔着一座高山，所以没人愿意从这条路走。第三条路就是从菜安经南楼到云中洋，这是一条最为便捷的路。菜安山不太高也不很陡，拿下菜安，可凭借菜安的有利地形，夺取南楼；南楼一失，云中洋就无险可守了。

7月7日凌晨，全副美式武器装备的国民党军队伍1000多人，从福清县城出发后，就由菜安这条路进攻云中洋。

这日约莫5点，敌人的前哨部队到达菜安村头时，发现菜安山头有游击队的岗哨，便向岗哨开枪射击。哨兵居高临下，开枪反击，一敌兵当场被击毙。

驻菜安的平潭游击队员一听到枪声，就在高名山、吴章富的紧急组织下，以迅雷不及掩耳之速，占据了菜安山上的4个山头。敌人凭其兵众武器精的强势，对游击队采取扇形包抄战术，步步逼上山来。但60名游击尖兵，个个英勇顽强，他们借着有利的地形，给包抄上山的凶猛敌人以迎头痛击，使敌人占不到一点便宜。

早晨5时许，闻到枪声的吴兆英立马带领17名游击队员赶往菜安山头支援，并坐镇指挥战斗。正在战斗的队员看到队领导吴兆英和他所带来的支援队伍，个个斗志倍增。

此时，双方的兵力是我方77人对敌方1000多人。面对武器精良、兵力10多倍于我的凶猛敌人，吴兆英临危不惧，面不变色，冷静地思考作战方案。他决定把77人的队伍划分为20个战斗小组，每组3至5人，分散抢占各个山头高地，虚张声势，迷惑敌人，使敌人也随之分散兵力。每次敌人向我阵地冲锋时，各个战斗小组根据吴兆英的指示都要等到敌人进入有效射程之内，才集中手榴弹、轻重机枪和连发排枪的强猛火力予以迎头痛击，把敌人打得晕头转向，有退无进。

在这场阻击战中，轻重机枪发挥了特别重大的作用。九四式重机枪手高兆福打得稳、准、狠，他配合各个山头战斗小组，击退了一批又一批敌人的进攻。轻机枪手陈灿瑞每在战斗的紧要时刻，他总是把机枪端在手上扫射，给敌人以重创。

在激战过程中，福清西区工委书记戴教温奋不顾身，带领当地群众冒着流弹纷飞的危险，不停地送开水、稀饭和馒头到山头阵地，为辛苦鏖战的平潭游击队员解饥渴，添精力。

此时，受到鼓舞、吃饱喝足的游击队员，个个坚守阵地，人人斗志昂扬。班长吴翊耀浑身是胆，他带领5个队员坚守一个山头，击退了敌人无数次的冲锋。战士吴咸用的鼻子被流弹打中，仍然不下火线。由于各个山头的战士，个个英勇顽强，没有一个敌人的进攻能够得逞。

敌人企图抢占各个山头未得逞，又组织兵力，集中重武器火力向我重机枪阵地猛扑，战斗在激烈地进行中。为了保护重机枪转移到另一个山头阵地，吴兆英立即组织十多个精干队员居高临下连续打退爬近我阵地前的敌人，终于将重机枪阵地成功转移，继续打击敌人。各个山头的同志也都个个英勇顽强战斗，粉碎了敌人的又一次进攻。

战斗从早晨5点持续到下午4点，共计11个小时，队员们越战越勇，个个发挥作用，打得敌人落花流水，无法前进一步。这时，吴秉熙所带领的队伍从天吊岭赶来增援。敌人整天喝不到水，吃不到饭，此时已经疲惫不堪。吴兆英趁敌人疲乏之际，果断决定发起全面反攻。

于是，下午4点正，随着吴兆英一声冲锋命令，一阵嘹亮的进军号声响起，勇猛的平潭游击队员如同猛虎下山，从各个山头高地冲锋下来，打得敌人溃不成军，节节败退。敌人不敢恋战，急急败逃回福清县城。

这一仗我方吴翊耀、吴咸用等2位英雄牺牲，任祥、高哲载2位战士负伤。但敌人却死亡47人，受伤100多人，死伤战马5匹，丢失的枪支弹药和军用物品无数。从此，国民党第90军官兵龟缩在福清县城，再也不敢出来"扫荡"。

菜安阻击战的胜利，粉碎了国民党军企图"围剿"老区、消灭我人民武装的阴谋，保卫了老区群众的生命财产，也开始打消了闽中党组织对平潭游击队的疑忌。

福清菜安大捷，是平潭游击支队转入外线对敌作战的首战大捷。菜安战斗胜利结束后，福清云中洋和菜安村的地下党、游击队和老区群众，沿途排满茶点，无不争先恐后前来慰劳平潭游击支队。闽中支队司令部获悉菜安大捷，于7月8日派陈志忠到福清云中洋，代表司令部给平潭游击支队发"嘉奖令"，并发给4两黄金和几十套崭新制服，以示奖励。陈志忠在平潭游击队举行的授奖仪式上说："闽中支队司令部对这次菜安大捷非常满意，认为这次胜利不但狠狠地教训了敌人，也给我们闽中支队司令部所属的游击队伍以极大的鼓舞。你们为敌后游击战提供了一个'以弱胜强'的生动范例。为了慰劳你们，支队司令部决定后天晚上举办庆祝菜安大捷晚会，司令部文工队正在排练晚会节目，请你们全体指战员明天开赴闽中支队司令部驻地，以便参加后天的祝捷晚会。"

7月9日，当初升的太阳赶走拂晓前一块块乌云之际，平潭游击支队主力队伍，便同送行的云中洋老区军民挥手告别，雄赳赳、气昂昂地朝着闽中支队司令部驻地莆田大洋灯炉寨开赴前进。

大洋位于莆田东北部，处于涵江、福清、永泰三地相连地带，离涵江 59 千米。大洋灯炉寨，因主峰形似灯炉而得名，坐落于大洋西湾山之巅，海拔 788 米，境内层峦叠嶂，怪石嶙峋，悬崖飞瀑，绰约多姿，可谓瀑奇、石怪、林幽、水秀，其景致让人叹为观止。

这日中午，当队伍登尽蜿蜒曲折的阶梯山路跨上灯炉寨之际，高飞、吴兆英、吴秉熙等的心情都非常激动，觉得寨上一面面迎风飘扬的红艳艳党旗，仿佛深情款款地向他们频频招手，欢迎这支赤胆忠心的游击健儿归队。一瞬间，就听到一串洪亮而又亲切的声音："同志们好，同志们辛苦了，欢迎同志们回到支队司令部集结！"

说这串话的正是闽中地委委员、闽中支队司令部副司令员陈亨源。

陈亨源说的这几句欢迎的话，虽然很平常，但平潭游击支队指战员却感动得热泪盈眶。这是由于他们因"城工部事件"受委屈，而现在，上级党组织终于承认平潭游击支队是一支中国共产党领导的革命武装，让吴兆英和他的战友们都觉得自己回到党的温暖怀抱了。

7 月 10 日上午，陈志忠带领司令部几位战士扛来一头大肥猪，给平潭游击支队午餐加菜。陈志忠特别嘱咐说："你们今天晚饭早一点开，准备参加今晚的祝捷晚会。"

闽中地委副书记、闽中支队副政委林汝南率司令部各单位到平潭游击支队驻地看望，表达祝贺和欢迎。

夜幕降临，几盏大汽灯散发出的银白色灯光，照亮了灯炉寨吊滕际的广阔大操场，1000 多名游击队员井然有序地集坐在大操场上参加"庆祝菜安大捷晚会"。在一阵阵暴风雨般的热烈掌声中，平潭游击支队队员应邀步入会场的前排就座。

陈亨源在"庆祝菜安大捷晚会"上讲话时说："我代表闽中地委和闽中支队司令部，向全体英雄的平潭游击队员表示热烈的欢迎和祝贺。欢迎你们回到闽中支队司令部集结，祝贺你们英勇机智获得菜安大捷。从平潭中正堂到福清菜安山等几个战役的事实证明，平潭游击支队是一支忠于党忠于人民的革命武装，是一支特别会打胜仗的英雄队伍。"接着，他向全场同志介绍了平潭游击支队在奇袭中正堂和菜安阻击战中的英雄事迹。

高飞在致答谢词中，首先对闽中支队司令部专门为平潭游击支队举办晚会，表示衷心的感谢。接着，他说："平潭游击支队是一支为打败国民党反动派、成立新中国而奋斗的人民革命武装，是一支用毛泽东思想武装起来的有严格组织纪律性的革命队伍。中共闽中地委和闽中支队司令部是我们平潭游击支队的上级领导组织。今后，我们一如既往，坚决执行闽中地委和闽中支队司令部的命令，保证完成上级分配的任务，为彻底打败敌人，解放全福建而努力奋斗。"

接着，晚会正式开始，男女文工队员表演了许多鼓舞队员士气的精彩文娱节目，博得了一阵阵欢乐的笑声和激情的掌声。

晚会结束后，148 名平潭游击支队队员集中在灯炉寨住处开会，听取高飞传达一项重要决定。高飞说："根据闽中支队司令部决定，平潭游击支队整编为闽中支队第一团队第三大队，高飞为大队长，吴兆英为副大队长。但 148 名平潭游击队员又分为两队：第一队，120 人，由高飞、吴秉熙两同志带领，开往永泰，消灭地方反动武装，筹集支前粮草，迎接南下大军；第二队 28 人，由吴兆英同志带领，开往长乐，发动群众，开展支前工作，迎接南下大军，并负责领导平潭岛内地下革命斗争。"

第十三回　迎接解放　奋勇支前

1949 年 7 月 12 日，由吴兆英率领的周而福、吴章余、高扬龙等
28 位平潭游击队员开赴长乐后，又与长乐游击队合编为长乐游击大
队。大队长陈志忠，副大队长吴兆英，教导员郑育才。

这时入侵平潭的国民党 73 军进行大清乡，并残酷镇压革命群众，
许多隐藏地下活动的平潭游击队员继续开展对敌斗争，部分队员陆续
潜往长乐寻找自己的队伍。不久人数增至 135 人，遂成立一个中队，
称平潭中队，中队长徐兴祖，指导员林奇峰，归属长乐游击大队管
辖，由副大队长吴兆英直接领导，驻扎在江田灵峰寺，一面整训，一
面战斗。

在此期间，在副大队长吴兆英的亲自指挥下，平潭中队参与对驻
金峰镇国民党部队的战斗，迫使国民党军撤出金峰镇。吴兆英接着率
兵转战玉田，大败国民党军，俘虏敌团长 1 人和部分士兵。与此同时，
平潭中队还发动当地群众减租斗霸，打击恶霸林美炬的嚣张气焰。

8 月 15 日深夜 11 时，平潭中队奉命抢占长乐县城北峰山头，拦
击窜逃的国民党军。双方激战 1 个多小时，200 多人的敌军不支，向
我游击中队缴械投降。

在这次深夜战斗冲锋时，前头战士吴国共跌入丈余深壕沟，紧跟
的两位战友也随之跌入壕沟压在吴国共的身上。在场的吴兆英见状当

即用自己的身体横挡壕沟沿，从而避免后续战士再次跌入壕沟，同时指挥救出跌入壕沟的 3 位战士。

8 月 16 日，平潭中队在吴兆英率领下和长乐游击大队一起配合解放大军解放长乐县。

长乐县解放后，吴兆英奉闽中支队司令部之命率领平潭中队，到中国人民解放军第 28 军军部报到，改称平潭游击队支前大队，命令吴兆英任支前大队长，为平潭战役支前工作总负责人，负责组织领导支前队伍，配合大军渡海作战，再度解放平潭。

28 军首长下达给平潭游击队支前大队的主要任务有三项：一是搜集平潭岛内敌情；二是征集培训渡海船只；三是担任向导参战。

接到军首长下达的三项支前任务后，吴兆英和张纬荣、林中长、徐兴祖、林奇峰、王祥和、吴聿静、林孝义等骨干开会研究贯彻，具体分工：吴兆英、徐兴祖分配在 82 师，驻扎福清北西营，为主负责领导南线征集渡海船只等支前全面工作；张纬荣、吴聿静分配在 83 师247 团，驻扎长乐松下，负责领导北线征集渡海船只等支前全面工作；林中长负责搜集岛内敌情；王祥和负责训练渡海船员。

8 月下旬，到达高山地区后，吴兆英在可门主持召开配合 82 师渡海作战动员大会。会上，林中长做全国解放战争形势报告；吴兆英做动员报告，要求参战人员一定要遵守纪律，服从命令，以不怕苦、不怕死的勇气和决心，为解放平潭贡献力量。

支前大队长吴兆英和支前骨干们狠抓支前三大任务的落实。

第一，搜集平潭岛内敌情。

军部要求了解敌人的建制、番号、人数、装备和布防情况，以及各级指挥官的姓名、特点和思想动态等确切情报。

作为平潭战役支前工作的总负责人，吴兆英高度重视搜集平潭岛内敌情的工作。除分配林中长专门负责搜集岛内敌情外，吴兆英自己还亲自抓岛内敌人情报，做到"亲自派员布置"、"亲自听取汇报"、"亲自整理上报"的三个亲自。

吴兆英先后派遣王昌镐、王祥和、吴孟良、吴家瑜等多人多批潜回平潭搜集岛内敌情，并指导他们如何搜集国民党军在平潭的布防情况。

王昌镐潜回平潭后，根据吴兆英的事先指示，他还同坚持在平潭敌后斗争的游击队员高纯立接上关系，布置他秘密搜集敌军的情报。高纯立平时就采取请喝酒和结拜兄弟等有效手段，获取了敌军少校情报组长孔祥信对他的信任。1949 年 8 月 29 日，高纯立利用孔祥信要潜入福清了解我军情报的机会，同土库村地下党员高名祥联手，共同策划把孔祥信秘密运到我游击队驻地。孔祥信没有防备，以为真的是送他去福清，便跟随高纯立行动，但是，高纯立、高名祥却把他运送到大扁岛，交给当时驻在这个小岛的平潭游击队高名峰同志。然后，转押到福清北西营吴兆英临时住处。高纯立把设计赚敌情报组长孔祥信的经过向吴兆英汇报后，吴兆英安排高纯立身穿灰色的游击队服装，腰佩短枪去见孔祥信。孔祥信见高纯立如此装束，恍然大悟，方知自己中计被捕，吓得痛哭流涕。在吴兆英的政策攻心下，孔祥信放下疑虑，详细交代了敌 73 军在平潭全县的布防情况。此时，吴兆英的工作很忙，但再忙他都要亲自听取各路传送来的平潭岛内的敌情汇报。吴兆英将所搜集到的敌情加以整理，及时地上报给 28 军首长，让军队首长掌握平潭岛内敌情，为部署攻岛作战提供可靠的依据。

第二，征集培训渡海船只。

解放平潭是渡海作战，但那时没有海军，也没有汽船，靠的是渔民的木帆船。平潭游击队支前大队在吴兆英的强有力领导下，经过半个月的努力，终于从平潭、长乐、福清三县渔民中，动员征集到 310

艘木帆船和 1600 多名船工，参加支前运输。在这里特别要提到的是，这其中 150 艘木帆船和 500 多名船工，是平潭地下党在敌人侵占平潭的白色恐怖环境下，艰苦奋斗，从看澳、玉屿、土库及沿海各村组织征集的。木帆船和船工先集中到福清可门港，由王祥和总负责进行渡海培训。他们采取解放军指战员、游击队员、渔民"三结合""互教互学"的办法，解放军指战员、游击队员教渔民学习开枪和军事知识，渔民教解放军指战员、游击队员学习驶船技能和防晕常识。每一艘船都配备有一两位会掌舵的军人或游击队员，万一舵手牺牲了，就有人顶替开船。经过 20 多天的海上艰苦训练和两次渡海攻防演习，渔民们都学会了开枪射击，解放军、游击队中的绝大多数人都掌握了驶船的要领，并且克服了晕船呕吐的现象。这就为渡海作战的胜利打下了基础。

第三，担任向导参战。

在完成了掌握岛内敌情和征集培训渡海船只之后的 9 月 11 日上午，28 军军部发出命令：立即行动，渡海作战，解放平潭。

听到这个久盼的命令，参加支前的平潭游击队指战员都高兴得跳了起来。大家都以必胜的兴奋心情，立即到所分配的团队去，当好向导，在部队首长的统一指挥下准备参加战斗。

9 月 11 日下午，28 军各团分别进入福清的大邱、万安、八尺岛和长乐的松下待命。9 月 12 日，各团以小部分兵力分别向海坛的卫星岛大练、小练、草屿、塘屿进攻。经过两天的激战，攻克了这 4 个卫星小岛，俘敌 900 多人，铲除了海坛岛西面和南面进攻航道上的障碍，为我军总攻平潭主岛海坛岛创造了有利条件。

军部决定总攻时兵分三路，第一路 244、245 团由可门出发，从海坛岛南部钱便澳进攻；第二路 250、251 团由大扁岛出发，从海坛岛中部芦洋马腿澳进攻；第三路 247 团由松下出发，从海坛岛西部苏澳进攻。

9月15日，晨曦初露，我军各团在强大的炮火掩护下，随着军长朱绍清的一声令下，联合发起向平潭主岛总攻，顿时百帆齐发，浩浩荡荡，乘风破浪，勇猛前进。

约莫晚上10时，第一路244、245团于海坛岛南端的钱便澳东西两侧同时登陆，首先消灭了据守滩头阵地之敌，乘胜直取平潭县城。16日凌晨2时，第244团首先攻进县城内，随即第245团也攻入县城。盘踞县城内的敌首李天霞早已率亲信官兵撤退到潭东观音澳，登上"天平号"轮船逃往台湾。守敌群龙无首，防线全面崩溃，纷纷向城北流水方向撤退，妄图从海上逃亡。军长朱绍清当即命令各团迅速追击逃敌。

与此同时，第二路的第250、251团和第三路的247团也分别从马腿、门结和苏澳、罗澳等处登陆，先荡平桃花寨、青峰岭一线之敌，再迂回韩厝后同244团会师，开始了4个团的联合作战。他们经排塘兜、潭水、沙地底、柳厝底、君山后、北港、山门前等村庄，直击流水王爷山、白犬山之敌。接着，他们向流水方向发动进攻，把大股敌人包围在流水至君山之内。敌人依托预设的阵地工事负隅顽抗，等待海上军舰接应。等到9时许，一艘敌军舰方姗姗驶来，但不敢靠岸，在海上打了30余炮后调头回窜。岛上敌人见待援无望，又在我军强大炮火的勇猛攻击下，到了16日下午5时，除个别抢乘木帆船逃走之外，其余全部被我歼灭。至此，海坛岛战斗结束，宣告平潭第二次解放。

是役，共歼灭国民党军8132人，其中毙伤125人，俘虏7734人，投降273人，缴获迫击炮35门，机枪158挺，长短枪2536支，汽艇3艘，电台2部，以及大量军用物资。

这次平潭战役的胜利，是在我军一没有渡海作战经验，二没有海军空军协同作战，三没有汽船轮船运输工具，同时又遇8级大风的不利条件下取得的，委实很不容易。此役告捷，不仅使我军在实践中学会了渡海作战的本领，而且为大军南下夺取漳（州）厦（门）战役的胜利创造了有利条件，其意义极其重大。

平潭的再度解放，粉碎了蒋介石企图固守海岛，封锁福州，切断海上交通线的梦想，创下了军民配合渡海作战的光辉范例。全体参战的解放军指战员和平潭人民游击队员在解放全中国的历史使命召唤下，以忠于党、忠于人民的高尚品德和英勇无畏的献身精神，谱写的光辉业绩，将永载史册。

在平潭再度解放的过程中，平潭地下党人、游击战士奋勇争先，既作向导，又积极参战。吴兆英带领平潭游击队协同82师在福清北西营等地向平潭南部渔塘、江斗门方向进攻，随军进城，解放县邑。吴兆英和他的战友张纬荣、林中长、徐兴祖、林奇峰、高扬泽、吴聿静、王祥和、严孟意、吴家瑜、吴祖芳、刘益泉、周而福等人的英勇表现可歌可泣。正如叶飞同志所指出的那样："28军平潭登陆作战比较顺利，是平潭岛上有我党领导的游击队。5月曾一度攻入平潭县城，群众条件比较好，登陆部队有游击队带路。"诚哉斯言，一语中的，道出了吴兆英领导的平潭人民游击队在"再度解放平潭"中的重要作用和巨大贡献。

平潭再度解放的前三天，9月13日，中共福建第四地委（闽侯地委）调高飞返平潭地方工作。9月20日，中共福建第四地委派遣首任平潭县委书记李俞平率长江支队第四大队山西南下干部、中共福马工委（福长林中心县委）、闽中游击支队部分同志赴岚，举行胜利会师大会，接管旧政权，调配干部，建立县区人民政权，进行支前工作。9月23日，平潭县人民政府成立。县长宋秋成，高飞为副县长。平潭人民游击支队一部分为第4军分区特务连，连长吴秉熙；另外一部分改编为"中国人民解放军福建军区第4军分区平潭县大队"，大队长林学德、教导员刘欣如，吴兆英为副大队长兼平潭支前指挥部支前大队大队长。

平潭再度解放之后，解放军第三野战军第十兵团第28、第29两军于9月19日，奉命挥戈南下，解放厦门、金门。

为了支援厦、金前线，平潭县人民政府奉命抽调48名原平潭游击队员，征召700名船工，征集30多艘船只，组成平潭县支前大队，由县大队副大队长吴兆英兼任支前大队长。

1949年9月下旬，吴兆英率领吴章余、吴哲盛、吴国共、施修银、高志俊等48名原平潭游击队员，与700多名平潭船工，分水陆两路随军南下，投入解放厦门、金门战斗。

为了延缓解放军的进攻速度，国民党反动派连日里不分昼夜出动飞机，对我陆海交通线进行狂轰滥炸，造成我部分支前同志伤亡。9月底，平潭运送解放军的船队在崇武海面遭敌机袭击，我支前船工郑贤宜、杨大美牺牲。吴兆英在船上多次指挥机枪手射击低飞的敌机，以掩护运送解放军的船队前行，打得异常激烈。10月初，陆路随军支前的原平潭游击队分队长陈文琛在同安马巷遭敌机袭击牺牲。

10月上旬，吴兆英率领的平潭县支前大队抵达目的地后，被分配到解放军第28、第29两军各师团接受任务。

为掩护我大军主力进攻厦门，10月9日上级下令先解放金门外围大嶝、小嶝等岛屿。9日夜晚，风大雨急，我支前船队在吴兆英的率领下从同安莲河出发，运送解放军28军、29军各1个团兵力直捣大嶝岛。至10日晚8时，战斗胜利结束，歼敌1000多人，解放了大嶝岛。11日，解放军251团乘胜攻占小嶝岛，歼敌1个营。15日，解放军245团，解放角屿。经过几天激烈战斗，全面突破敌军防线，10月

17 日，厦门解放。随之，漳州、泉州等闽南地区也全部解放。

1949 年 10 月 24 日，解放军发起进攻金门岛的战斗。

10 月 24 日晚 8 时之前，平潭支前船队分别集中在莲河、大嶝岛、后村等地待命，准备运送解放军第一梯队第 244、251、253 团向金门进攻。

10 月 24 日晚 8 时许，第 28 军指挥第一梯队 3 个团按预定计划分别从莲河、大嶝岛、后村等地起航。接近岛岸时，适逢落潮，又遭国民党军炮火拦阻，造成部分伤亡。

从 10 月 25 日凌晨至 28 日下午，平潭支前船队遭受 32 架飞机轮番轰炸，敌机还在海面上倾泻燃油弹、汽油弹，海面成火海，船只大部遭毁。

在支援厦、金前线的战斗中，平潭县支前大队原游击队员陈文琛、高扬文、高志俊、高景堂、杨长做、林光耿、李益嫩等 7 人，船工郑贤宜、杨大美、游经朝、冯秉良、林许欠等 5 人，合计 12 人壮烈牺牲。

第十四回　平息暴动　搜捕首恶

1950 年 2 月 17 日，农历庚寅年正月初一日。

正是平潭解放后第一个新春佳节，1000 多名平潭大刀会会徒举行反革命武装暴动，妄图颠覆中国共产党领导的人民民主政权。

中国人民解放军平潭大队副大队长吴兆英亲身参加平息大刀会暴动的战斗。他后来在回忆文章里写道：

"春节凌晨 4 时许，天还没有亮，从街头传来几阵激烈的枪声，听起来好像是居民放鞭炮，我不放心，打开窗户向外观察，看见有好几个头包黑布、身穿黑布衫的人，在大礼堂（即原中正堂）门口跑来跑去，我感到情况异常，顾不上吃早饭，便持枪出门准备到县大队了解情况。走到街上时遇上县大队几个士兵，一问才知道是大刀会暴动。这时公安队的一个班正与向公安局包围的 100 多人暴徒遭遇，当时开枪击毙击伤暴徒 10 余人。正当公安队员的子弹快打光了，暴徒借人多势众向公安队员包围行凶之际，我率领的一队 8 名战士赶来增援，补充了弹药。我方力量增强了，暴徒见势不妙，立即溃退。接着，我带领县大队 8 个战士迅速占据北门山坡上的一个枪楼，利用岩石和土墩掩护，投入战斗，敌人闻风丧胆，慌忙逃遁。我们一直追到北门 6 里外的石鼓头村，但没有抓到逃跑的暴徒。我立即赶回县委会，向县委书记韩陵甫汇报情况，并提出建议，加快跟踪追击大刀会暴徒的进度，端掉据点，封锁港口，决不让大刀会骨干下海逃亡。韩书记听取我的意见，迅速采取紧急措施……"

平潭大刀会是反动会道门"同善社"的武装组织，早在 1942 年就开堂发展会徒，后为国民党军、政、特机关所掌握，与中国共产党领导的人民武装相对抗。国民党第 73 军盘踞平潭时，军长李天霞曾召开有大刀会头目参加的应变会议，布置大刀会在解放后转入地下，秘密发展组织，待机暴动。

平潭解放后，大刀会利用政府动员船员支援厦、金战斗之机制造谣言，诱惑、蒙骗不明真相的群众参加大刀会组织。活动区域遍及潭城、大练、苏澳、平原、流水、中楼、东库等 87 个自然村，被骗加入大刀会的人数多达 6063 人。

1949 年冬，平潭大刀会为了配合 1950 年 3 月 3 日夜在福建全省多地的暴动，成立总司令部，设置司令、总监、外交和正副指挥，确定林超凡为司令，吴文波为总监，吴国柏为外交，林修恒任指挥，林厚斌任副指挥。下辖 5 个大队，转入秘密活动，图谋伺机行动。

逃亡马祖岛上的国民党特务与平潭大刀会头目来往频繁，林荫是平潭大刀会暴动的幕后策划者。

1950 年 2 月 13 日，平潭大刀会在君山国清院召开各村大刀会骨干会议，时韩厝村大刀会骨干林孝敬在参加会议途中被解放军扣留查问。大刀会头子闻讯后，怕机密外泄，遂决定暴动时间提前在 2 月 17 日（农历正月初一）拂晓。暴动计划，苏澳一带大刀会 228 人进攻驻平原官井村解放军营部；韩厝楼、君山顶一带大刀会 503 人进攻县城解放军团部；昆湖、至凤一带大刀会 290 人进攻流水后田解放军营部。议定 2 月 16 日除夕夜集中，17 日零时以手电筒联络，分头出发。出发前预先派人割断城乡通信电线，参加暴动会徒，一律穿黑色衣裤，戴黑帽，挂肚兜，并领取大刀、长矛、符水等。

2月17日凌晨4时，在大刀会司令、军统特务林超凡的指挥下，暴徒分别包围县城驻军245团团部参谋处和大礼堂步兵连，各派10多人伪装向解放军拜年，解放军猝不及防，当场牺牲多人。团参谋长曹文章当即组织机关人员和通信连进行反击。大刀会法师林厚彬首先被击毙，另一法师钱文彬中弹逃跑，部分会徒相继中弹倒地，余者争相逃命。进攻后田、官井各点的暴徒，也以拜年方式接近我军。驻后田解放军机炮连因机炮无法近战，当场牺牲10人，受伤20人。连长立即下令反击，击毙击伤暴徒32人，其余四散逃命。驻官井解放军步兵连，在牺牲1个哨兵后，部队立即组织反击，击毙击伤暴徒11人，俘虏100多人。

真是螳臂当车不自量力，一场平潭大刀会暴动当天上午就平息了，解放军共击毙大刀会暴徒76人，击伤47人，俘虏230多人，但也牺牲了15人，受伤34人。

大刀会暴动虽然平息了，但几个作恶多端的大刀会暴动头目还潜逃在外。平潭县委指示公安和武装部门要尽快将他们抓捕归案。

首先是抓捕吴国柏。

吴国柏，伯塘村人，是平潭大刀会"总司令部"的"外交"，是该会"十兄弟"之一。1949年冬，他常常潜入白犬列岛与国民党"海上保安反共突击队"联络，听从指令。平潭大刀会暴动后潜逃，行踪诡秘，军警人员费了不少精力，查不到他的下落。

于是，县委书记韩陵甫就想到精明能干的吴兆英。这年3月的一天，韩陵甫找吴兆英谈话，要他完成抓捕吴国柏任务，说："你是平潭人，熟悉本地情况，可通过你的人脉关系，了解大刀会会首吴国柏的去向，把他抓捕起来，可以进一步弄清平潭大刀会的组织情况和活动情况。"

"是。"吴兆英当即表示,"我坚决执行县委的指示,一定完成县委交给我的任务。"

接受任务后,吴兆英立马行动,他采用多种办法、通过各种关系调查了解吴国柏的行踪,不久后就打听到"吴国柏潜回伯塘家中"的信息。获悉后,吴兆英即刻派人前去动员吴国柏自首,可是吴国柏的妻子不敢吐露真情,说他没回家。过了几天,吴国柏悄悄托人告诉吴兆英,要求和他会一面。经请示韩陵甫书记同意,吴兆英带领县大队士兵 10 名,前往伯塘村,在村上一个居民家里与吴国柏会面。吴兆英开门见山地对吴国柏说:"平潭大刀会暴动残杀人民解放军,目的是破坏人民政权,是反革命行为,你必须把所知道的大刀会组织情况和活动情况以及你自己的问题,如实向政府坦白交待,争取宽大处理。"可是吴国柏还是执迷不悟,不讲实话,却哭哭啼啼,妄图利用乡亲宗亲关系,让吴兆英保护他蒙混过关。立场坚定的吴兆英当然不为所动,向随行的士兵下令:"把他绑起来押走,交给县公安局处理!"吴国柏罪大恶极,于 1950 年 9 月 28 日被县人民法庭判处死刑,执行枪决。受迫害的群众和曾受蒙蔽的会徒无不拍手称快。吴兆英圆满地完成了县委交给他的一项任务。

其次是抓捕郑辉金和林阿歹。

1951 年 10 月间,为了追捕大刀会大队长郑辉金和骨干林阿歹,吴兆英和一区区委书记郑彩会、一区区长林中长率领三千人马包围君山一天一夜。

林阿歹,流水山门前村人,大刀会骨干,活动于君山、山门、南松一带。1950 年 2 月 17 日,大刀会暴动,林阿歹率一批会徒,以拜年为由,进攻驻守县城右营的驻军参谋处,战士被砍死 3 人,被砍伤

10多人。暴乱平息后，林阿歹潜逃外地。直至1951年10月初，在全省各地普遍开展镇反、土改运动的情势下，无处藏身，又溜回平潭。10月13日，接报林阿歹潜回老家，县区即刻协同作战，组织搜捕。县大队副大队长吴兆英率全队战士100多人参加搜山，区委书记郑彩会坐镇指挥，区长林中长率领30多人突击队搜索山洞。当获知林阿歹山洞藏身处，在吴兆英、林中长外围包抄下，赖万里、何其梅率5名民兵直扑山洞，朝天虚发两枪逼迫林阿歹出洞。潜藏在君山山洞的大刀会大队长郑辉金也同时落网。1952年4月9日，郑辉金、林阿歹两个大刀会反动首恶分子被县人民法庭判处死刑，民心大振。

大刀会暴动平息之后，平潭县委采取了"首恶必办，胁从不问，受蒙蔽无罪"的政策，妥善地处理了善后问题。除对极少数首恶分子逮捕法办外，受骗者给予登记自新，伤者给予治疗，并通过各种形式教育群众提高觉悟，避免受骗上当。至1953年3月，共逮捕大刀会骨干7人，管制14人，缴获法衣、法帽共906套，大刀、长矛共526把。从此，反动的大刀会在平潭彻底灭迹。

第十五回　剿灭海匪　战绩辉煌

1950 年 9 月上旬的一天，屿头岛有两个渔民来县大队报告，说屿头海匪头目陈徽枝蛊惑 40 多位屿头渔民下海为匪，最近经常开一艘小轮船出没在屿头与苦屿之间的海面上，抢劫来往商船。

副大队长吴兆英听到报告后，立即和大队长林学德一起向县委书记韩陵甫汇报。韩陵甫当场布置县大队完成这个剿灭海匪陈徽枝的任务。他指示说："县大队要立即派一支精干人员进驻屿头岛，既是战斗队，又是工作队。因为渔民下海为匪，带有群众性特点，所以首先要做好群众工作，宣传党的政策，区别对待，消除群众顾虑，做到分化瓦解，依靠群众完成剿匪任务。"

县大队接受任务后，决定由副大队长吴兆英带队到屿头岛剿匪。吴兆英抽选第一连第一排 20 多名战士，每人带长短枪各一支，并配备轻机枪 2 挺。

次日一早，吴兆英就带领指导员王裕春、排长高宗生和 20 多名战士，乘坐县大队的一艘木帆船前往屿头岛。

队伍到达屿头岛后进驻群众基础较好的老区基点村田下村。吴兆英一进田下村就向张奇明等基本群众了解陈徽枝的情况。

陈徽枝，屿头人，30 多岁，亦渔亦商，经常往浙江运回大米、木材、木柴和水产品出售。解放后下海为匪，抢劫到一艘小轮船，拉拢本岛一伙人，在附近海面截劫南来北往的商船。有些渔民分赃获利，尝到甜头，被骗入伙；有的渔民怕不去当海匪，家庭会被抢劫，招来灾祸，被迫加入。

队伍进驻屿头岛时，陈徽枝已把匪船开往白犬列岛国民党军队驻地，一些留在屿头岛上的土匪都躲起来，不敢出头露面。那时刚解放，群众不大了解党和政府的政策，顾虑重重，特别是土匪的亲属怕受连累，日夜提心吊胆。

根据县委指示精神，吴兆英进岛后不急于抓土匪，而是先在全岛做好宣传政策、发动群众工作。他连续两次分村召开群众大会，说明解放军进岛是为了彻底消灭土匪，保护人民的生命财产，军民要共同努力，把剿匪工作做好。同时，吴兆英还分村召开匪属座谈会，讲明"首恶必办，胁从不问，坦白从宽，抗拒从严"的政府政策，动员他们劝说当过土匪的亲人出来自首，把自己的问题讲清楚，改邪归正，就不咎既往。通过这样深入细致地做群众的思想工作，见效很快，3天之后便有十多名土匪自首。

但也有个别土匪很顽固，如万叟村的匪首陈一眯，拒不自首，影响剿匪工作。吴兆英下令把他抓到田下村关起来。可是没有看管好，夜里被他偷跑了。根据群众举报，他躲在附近的东珠村。吴兆英亲自率领20多人队伍，深夜突击包围东珠村，逐户进行搜查。在一个渔民家里，吴兆英推门进去，用手电筒一照，发现一个人躲在门后，一问，原来他就是陈一眯。当即把他绑起来抓到田下村连夜审讯。陈一眯交待家中有一支曲九短枪。吴兆英派几个战士押送他回家把枪交出来。第二天就把陈一眯押送到县城，交给县公安局进一步审理法办。

队伍进驻屿头岛18天，由于大力宣传政策，深入发动群众，全岛有43名海匪自首，都写了悔过书，按下手印，保证今后不再为匪。这些海匪本是贫苦渔民群众，多属受欺骗或被胁迫的初犯，罪恶不大，本着"胁从不问"、"坦白从宽"的政策，将其全部释放，得到群众的拥护。匪首陈徽枝逃到白犬列岛，在附近海面上截劫我军粮船，被当场击毙。

到屿头剿匪的任务完成之后，吴兆英率领队伍回县，向县委汇报情况，受到县委书记韩陵甫的表扬，他说："你们县大队这次到屿头剿匪，宣传政策和发动群众都做得不错，工作很有成效。"

1949年秋至1950年夏，随国民党73军撤退逃窜海上的国民党反动地方武装，蝇聚马祖、白犬列岛等处，以封官许愿，利诱收买等手段，造谣生事，欺骗煽动落后群众下海为匪，抓捕政府工作人员，袭击沿海交通航线，杀人放火、抢劫掳掠，作恶多端。

这些匪众，号称"福建省反共救国军海上保安纵队"、"东南反共游击总队闽海纵队"、"反共救国军"、"海保反共突击队第五大队"、"情报联络总站"、"福长平三县情报站"等等。其中，"福建省反共救国军海上保安纵队"也称"海堡"纵队，由原国民党省保安处处长、特务头子王调勋任司令，被国民党收编的日伪军头目林仓囦、陈毓辉为副司令，原平潭国民党县长林荫为参谋长，辖3个纵队、1个"反共突击队"、1个警卫大队，以及"独立大队"、"特别行动队"等，平潭、福清籍股匪集中于第2纵队，林荫兼任司令，总部设在白犬列岛，活动区域北至东冲、马祖列岛，南至乌丘、南日诸岛，并在大岛上重要澳口等地广布情报耳目，通风报信，发展武装，内外相互策应。

从1949年9月至1952年3月，"海堡"股匪，在平潭周边海域猖獗作乱，抢劫商船63艘，大小渔船数十艘，解放军供应给养运输船2艘。上岸偷袭，抓走我方干部群众11人，劫持20多人，在海上杀害解放军战士2人，打伤2人，抓走押运输船战士、船员27人，抓捕海上作业渔民 100 多人，强迫编入"海堡"股匪组织。

1950 年 3 月 18 日，党中央发出《严厉镇压反革命分子的指示》。3 月下旬，省第四专署（闽侯专署）传达中央对地方清剿匪特的精神。5 月，平潭县成立"平潭县剿匪委员会"，由县委书记韩陵甫、县长宋秋成、县大队教导员刘欣如、县大队副大队长兼支前大队长吴兆英、县公安局长张锦心，驻军团长、政委等组成。委员会制订周密的剿匪计划，开展社会调查，了解海匪活动规律与人员、组织、武器配置情况，建立我方情报网，全面开展政治攻势，争取一般人员投诚自新以分化瓦解其队伍。

针对福建的严重匪情和对敌斗争新形势，1950 年 11 月 17 日、22 日，毛主席对福建剿匪工作作出两次重要批示，提出"全力以赴，限期 6 个月内剿灭一切成股土匪"；"福建必须迅速实行土改，剿匪要与广泛展开的土地改革相结合"。平潭县委、县政府坚决贯彻毛主席重要批示和省地委部署，制定了"重点清剿、面上控制"方针，采取搜剿、围剿、驻剿、奔袭等形式，不给股匪喘息之机，使其无处藏匿，最终彻底干净地将其消灭。

1950 年 6 月 24 日 13 时，县大队第一连配合驻军 251 团三营七连一排，在屿头海域围歼"海堡"敌匪，经过 2 小时激烈战斗，毙匪中队长林阿肯等 3 名，俘匪 2 名，缴获步枪 14 支及其他物资。

6 月 29 日，活动于大扁岛的"海堡"大队长念其顺率所部突袭驻岛土改工作组，抓捕吴正寿、魏世恩、王昌麟、曲本仁、孙玉堂等 5 名土改干部。7 月 2 日，我部两路进剿，海匪四散，抓获匪首念其顺等 11 名海匪，解救了将被沉海的吴正寿等 5 名土改干部，缴获步枪 9 支、曲九短枪 3 支、匪船 1 艘。

东庠毗邻马祖，长期被白犬股匪占领并成为其据点。该岛匪特活动猖獗，社情复杂，群众恐匪情绪严重，难以发动，几次进剿都无成效。1950 年 9 月下旬，副大队长吴兆英率兵进驻靠近东庠的小庠岛，准备极力进剿东庠股匪。他会同一区区长林中长在东庠布置"内线暗哨"，暗中监视敌人在岛上的活动情况和岛民的通敌资敌情况。他们把"内线暗哨"的任务交给在东庠经营祖产的林徽凉。林徽凉曾任中共平潭工委委员，也受"城工部事件"牵连，但他毫无怨言地接受任务，主动接触和敌方有联系的亲友，探听敌方动向，同吴兆英、林中长以书信往来，暗号联络。他们将县大队驻扎流水村住处大门对联上的词汇"钱林"、"宝树"作为联络暗号，林徽凉代号为"钱林"，吴兆英、林中长代号为"宝树"。一旦海匪占领了东庠，交通断绝无法通信，林徽凉就在面对小庠的阳台上，以排放晾衣竹竿为信号，传递消息：如敌人在东庠门渔寮布机枪，就在阳台正中竖竹竿；东庠门南边的南江山上布枪，就在阳台南边竖竿；北边的北埔山布枪，就在阳台北边竖竿，几挺机枪竖几条竹竿。如此这般，进驻小庠岛上的吴兆英一望便知东庠岛上的敌情。10 月 1 日，国民党"反共突击队"头目陈益猫匪帮百余人窜进东庠岛澳底村，公然召集群众开会，气焰极为嚣张。吴兆英率领的县大队配合驻军 251 团和一区民兵，组织 70 多艘渔船，于 10 月 6 日下午进发，在我强大炮火的攻势下登陆，匪徒逃窜，遇风折回，大部被抓获。其余股匪见势不妙乘"63 号"炮艇逃回白犬列岛去。从此，东庠海匪销声匿迹。

与此同时，李明光、念克河、李孔凤等股匪侵扰草屿岛。该部有 300 多人众，汽轮 1 艘，大小帆船 13 艘，轻重机枪 8 挺，步枪 200 多支，冲锋枪、手枪不等。我地方军警直捣草屿门万山鼻海域，痛歼股匪。20 天后，县委获悉念克河残匪从牛山岛方向窜至草屿岛，与盘踞乌丘、南日岛的"海堡"2 纵 6 支队李明光、"第 1 特别行动队"李孔风合伙骚扰，结伴破坏。吴兆英奉命率部指挥清剿，组织数百名驻岛部队、民兵，在敖东芬尾大福、钱便澳、北厝吉钓集结，抽调我1号、4号交通船，多艘民船，从午夜起，兵分两路包抄草屿岛。海匪一听枪声，如惊弓之鸟，不战自溃，各自往白犬、乌丘等老巢龟缩。从此海匪不敢再在草屿岛出现。

1950年11月12日至23日，县大队配合驻军251团进剿再次袭扰屿头岛的海匪，先后俘匪中队长等12名，缴获步枪5支，短枪1支，迫使27名匪徒自首。

据档案资料统计，仅1950年1至11月，全县共出发剿匪131次，战斗14次，每次都有县大队战士参加，而其中多次是由副大队长吴兆英亲自带队指挥，共毙、伤、俘匪徒114人，迫使匪徒自首118人。

至1952年底，平潭境内大小岛屿及海域匪患基本肃清。通过镇反、土改，群众政治觉悟提升，依靠组织起来的群众力量，实行海上联防，劳武结合，使平潭成为海防的铜墙铁壁。

1951年3月，平潭县大队改编为中国人民解放军闽侯军分区第六独立营。营长袁正海，教导员宋凤钧，吴兆英任副营长兼参谋长。

1952年6月，第六独立营撤销，成立平潭县人民武装部，部长袁正海，吴兆英任县人武部副部长。

1962年8月，吴兆英调任闽清县人民武装部副部长。

1964年8月，吴兆英转业地方回平潭工作。

从1949年10月至1964年8月，吴兆英15年来始终保持一位革命军人的赤诚本色。在军区和县委、县政府的领导下，他与驻军一道在支前战备、剿匪、肃特、海防民兵建设、征兵、海上护渔护船、军民联防等方面所作出的卓越贡献，有口皆碑，令人称颂。

1955年4月30日，吴兆英授大尉军衔。

　　1957 年 6 月 18 日，因在解放战争中多次立功受奖，解放后巩固国防又成果显著，吴兆英荣膺国务院颁发的"中华人民共和国三级解放勋章"，载入共和国革命功臣史册。

　　1998 年 7 月，福建省开展"八闽军民爱英模活动"，在活动中表彰吴兆英等 54 位有突出贡献的英雄楷模人物。7 月 24 日，吴兆英名字赫然刊登在《中国国防报》"共和国不会忘记"的光荣榜上。

第十六回　历尽风波　不改初心

　　1952 年 1 月的一天上午，潭城街风雨凄凄，天寒地冻。一场打"老虎"的军人大会正在县城大礼堂里严肃而紧张地举行。随着大会主持人一声喝令，一位青年军官应声泰然步上主席台，接受揭发批斗。

　　这位上台接受批斗的青年军官就是中国人民解放军闽侯军分区第六独立营副营长兼参谋长吴兆英。本是优秀军人的吴兆英，为何会成为批斗对象呢？这得从"三反"运动讲起。

　　1951 年 12 月至 1952 年 10 月，一场以反对贪污、反对浪费、反对官僚主义为主要内容的"三反"运动，在全国党政军干部中普遍展开。运动教育了干部的大多数，挽救了犯错误的同志，清除了革命队伍中的腐败分子，树立了廉洁朴素的社会风尚，对于在执政的条件下保持共产党人的革命精神，促进党风廉政建设，起到了重要的作用。然而，在"三反"运动处于高潮期间，一些地区和单位曾经发生逼供的现象，犯了扩大化的错误。这些问题虽然在甄别定案时基本上得到了纠正，但给当事人所造成的伤害往往是无法弥补的……

　　当时第六独立营有 3 个连队，5 个区分队，约 500 多人。营党委决定把这 5 个区分队集中到县城营部参加运动。

　　1952 年 1 月，平潭独立营党委召开军人大会，动员开展"三反"运动。营教导员宋凤钧在大会上做动员报告。他首先说了开展这场

"三反"运动的重大意义,强调:"解放后,在资产阶级的腐蚀和影响下,党政军机关里的贪污、浪费、官僚主义的现象严重滋长,有的干部腐化堕落变质,发展成为贪污犯。其中有贪污一千万元(编者注:1955年3月,国家发行新的人民币,旧币1万元兑换新币1元)以下的小老虎,也有贪污一亿元以上的大老虎。这些大老虎已经是资产阶级分子,是叛变人民的敌人,如果不清除惩办,必将为患无穷。"接着,他说了这次"三反"运动的方针和做法:"在这次运动中,要彻底揭露一切大中小贪污事件,但着重打击的是大贪污犯,对于中小贪污犯则采取教育改造不使重犯的方针。在做法上,要大张旗鼓,雷厉风行;要首长负责,亲自动手;要发动坦白和检举;要组织'打虎队',还要成立'办案组'。"最后,宋教导员号召全营军人立即行动起来,积极参加"三反"运动,同贪污腐败分子作坚决的斗争。

营党委作了具体部署,从学习文件,提高认识,到大会动员,小组坦白。对在游击队和解放后做过财务工作或担任过事务长的,以及游击队时期和现在的各级领导,无一例外地进行坦白交代,人人过关。

运动初期,由于采取了一些诸如"车轮战术""疲劳战术"等激进做法,有些同志顶不住,做了违心的"坦白交代"。有一位连事务长顶不住压力,只好承认"贪污"连队伙食费1500万元。后来这位事务长被开除军籍和公职回乡去,受冤了30年以后才得到平反,恢复原待遇。这是后话。

时任副营长兼参谋长的吴兆英,由于有人检举他在游击队时期贪污黄金30斤、银圆10000块,也被当作"大老虎"来打。在排以上干部会上,吴兆英做了表态,说自己是自愿投身革命的,连生命都献给革命,怎么可能会贪污。过去接触过黄金,都交给组织购买武器等。他只是对官僚主义作风作了深刻检查。他说:"对剿匪,我工作尚积极肯干。但对政策掌握较差，追到土匪急于了解情况，就产生打吊现象。对下级教育管理不够，副连长陈国思盗窃步枪3支，手榴弹1枚，企图下海为匪。"

营党委对吴兆英的表态不满意，认为他避重就轻，态度不端正，所以决定对他隔离审查，大会批斗。

批斗大会组织主席团，三区（苏澳）区队长周而福作为五个区分队的代表也被选进主席团。这天在大礼堂，周而福与营长袁正海等人同坐在主席团位置上。会议开始后，主席团接到一个又一个递上来的纸条，大会主持人得到袁营长同意，向大会宣读其中一张纸条上的内容："周而福当过吴兆英通讯员，一定了解吴的贪污事实，应叫周站出来检举。为什么还让他当主席团成员？"

周而福当时坐立不安，还好袁营长等领导对他还算了解，不仅没有换掉他，反而继续让他当积极分子。但周而福却主动站起来说："对吴兆英的检举实在无从谈起，我确实不知道吴贪污黄金、银圆等问题的事，去捏造事实诬陷他与我周而福的性格不符。而且我想，我们从参加游击队那一天起，就决心把生命交给组织，命可以不要，还要贪钱干什么？我决不能无中生乱检举！不过，我想起两个物件：一件是一支派克钢笔，另一件是一床日本鬼子的军毯，都是吴副营长亲手交给我的。不知这算什么？其他，确实没有。"

"这就是贪污，要退赃！"台下有人起哄。

"如果要折价退赔，我完全同意。"周而福表态说。

"这是事实，但都经过陈志忠大队长同意给周而福专用的，不是我和周而福合起来贪污。望组织彻底调查清楚。"吴兆英当场坦然承认说。

接着，有几个积极分子相继上台发言，揭发批判吴兆英，有的对他无比愤怒，好像他真贪污那么多东西；有的甚至还气势汹汹地过来动手推他，欲甩他耳光。

面对这样的过火现象，吴兆英的态度一直都是泰然处之，不管用什么"战法"，对他都无济于事。他始终坚持实事求是的态度。

大会主持人最后要吴兆英表态。吴兆英坦然说："检举我贪污那么多黄金、银圆不是事实，全平潭老百姓财产加起来也没有这么多。我想我们党一贯做事情都是实事求是，一定会帮我弄个水落石出。"

对吴兆英这样表态，营党委当然还是不满意，说他是"三反"运动的绊脚石，居然把他送到螺洲，参加军分区"三反"运动，进行严格的隔离审查。不过没关几天就放出来，宣布说："检举吴兆英贪污黄金、银圆等物，纯属子虚乌有，没有的事，吴兆英不是'老虎'，恢复原职务，回平潭工作。"

这场风波证明了吴兆英的清白，也让他经受一次实际斗争的考验。后来他在《自传》里写道："'三反'运动给我们以十分深刻的启示：任何时候，任何事情，任何利诱胁迫，对人对己，都要坚持实事求是的原则。"

那几年，吴兆英心里还压着一块石头，那就是城工部事件的定性问题。好在这个问题也即将解决。

"1956年6月27日，在中共福建省第一次代表大会上严正宣布：经中共中央批准，对福建城工部组织予以公开平反，认定城工部组织是中共组织，恢复城工部党员的党籍；对被错误处理的城工部党员给予平反，恢复名誉；对被错杀的人员，予以昭雪，追认其为烈士，其家属为烈属，得到人民政府的抚恤和照顾。"

这是1956年6月29日《福建日报》刊登的一则新闻。这则天大喜讯的新闻就像一罐醇厚的蜜水，让吴兆英读得心中无比的甘甜爽口。

由于喜讯来得太过突然，他有点不敢相信，直到张纬荣对他传达城工部平反文件，他才相信这天大喜讯是千真万确的。

张纬荣时为福安专署办公室负责人，这次回平潭是为了帮助平潭县委恢复城工部党员党籍。他看过中央和省委有关文件，听过内部传达，便对吴兆英做了简要介绍。

吴兆英是和着热泪听张纬荣介绍的。听后他对张纬荣说："我们城工部同志终于熬过来了。由于党中央英明，死难的庄征、李铁、曾焕乾等117位城工部同志终于可以平反昭雪了，我的原党籍可以恢复了，我的党龄可以从1947年2月你介绍我入党时算起了。但我知道，革命不容易，我们幸存的人，要顾全大局，正确对待，加倍努力为党为人民工作。"

吴兆英于1953年10月在平潭人武部重新入党。因城工部事件平反，于1956年10月经晋江地委批准恢复原党籍，党龄从1947年2月算起。

第十七回　情系战友　言传身教

　　由于城工部错案和"左"的影响，许多平潭地下党员和游击队员的革命道路都十分坎坷。后来党中央为城工部平反昭雪，各级党委努力纠正错案，落实政策，使他们得到平反纠正，恢复了党籍和待遇。但此项工作的任务非常艰巨，工作量很大。吴兆英情系战友，关心战友的政治生命，不厌其烦地为受挫折的战友恢复党籍和待遇出具证明，做了大量的协调工作，取得了显著成果，受到战友们的一致赞扬。

　　1948年10月，平潭县苏澳镇罗澳村渔民高仲茂支持长子高纯杰、三子高纯成参加平潭县游击队，跟随吴兆英等游击队领导从事革命活动。1948年到1949年，高仲茂多次向平潭游击队赠送长短枪和各种弹药。高仲茂家中有一艘经常于平潭苏澳港和福州台江港、长乐松下港、福清海口港之间跑物资运输的木帆船。为了支持平潭游击队，高仲茂利用这艘经商的船只做掩护，长期为平潭游击战争解决枪支弹药、药品、柴米糖油等战时物资的供应问题。在吴兆英的影响和动员下，高纯就（高仲茂的幼子）于1951年1月参加人民解放军，被部队选送到南京炮兵学校深造，后在福州军区炮兵司令部任参谋，先后参加剿灭土匪、炮击金门等战斗，荣立三等功。1957年高纯就被错评为右派，1958年平反，1959年从部队转业至石嘴山钢铁厂，后在宁夏石沟驿煤矿任副总工程师。

解放后，高仲茂一家被划为地主、资本家成分，受尽委屈，夫妇俩均在"文革"期间含冤去世。吴兆英多次以事实为依据，为高仲茂仗义执言。"文革"结束后，吴兆英继续关心高仲茂一家的遭遇，多次就高仲茂及其子女在革命时期的贡献写出证明材料。在他的一再努力下，高仲茂终于得以平反，其长子高纯杰、三子高纯成也得以落实革命"五老"的身份和待遇。

吴孟良，平潭县伯塘村人，1917年生，1947年8月参加地下革命，1948年3月经吴兆英介绍加入中国共产党。1949年2月，任平潭人民游击支队后勤组组长，负责300多人队伍的后勤给养，任务艰巨，责任重大，而他却完成得有条不紊，滴水不漏。他为人忠烈、勇敢，具有胆大心细特点，所以领导有事喜欢带他在身边。"苏澳劫粮"，吴兆英选他参加冒险的行动组；潜入县城检查内线落实情况，张纬荣挑他同行。他对友肝胆，助人为乐，人们暗暗称赞他为"热血男"。然而，遗憾的是，在特殊的年代里，吴孟良受到不幸遭遇。一向坚持"实事求是"原则的吴兆英曾力排众议，为他讲了公道话，可是位微言轻。后来纠错平反，吴兆英尽其所能，做了大量的协调工作，促使遭受不公正待遇的吴孟良亲属得到妥善安排。

伯塘村有100多人享受五老的身份和待遇，其中百分之九十以上都是吴兆英坚持实事求是原则，亲自为其出具身份证明，并帮助其落实政策到位。因此，许多老游击队员都说，他们当年跟吴兆英起来干革命是跟对了人。

吴谨琏，又名吴妹妹，平潭县伯塘村人，1948年10月参加平潭游击队。他会修枪，是个能工巧匠。攻打中正堂时，他为敢死队员，紧跟吴国彩左右，作战非常勇敢。因受伤曾一度离队在家休养。吴兆英本着"实事求是"原则为其出具证明，但因吴谨琏不幸病逝，没有评上"五老"。其儿子虽然没能享受到有关待遇，但却能听从吴兆英的劝导做到正确对待，积极参加振兴家乡建设活动。

吴兆英关心同志的政治生命，1949年5月上旬，吴兆英派王祥和、高纯立两同志，深入潭南、潭东一带，把10多位与闽中党组织断线的地下党员和地下工作者找回革命队伍中来。

吴兆英是一位从伯塘村走出来的革命英雄，伯塘村则是吴兆英通过言传身教带出来的一大批革命英雄的英雄村。英雄村里英雄多，英雄人物难说全。以下所列举的13位英贤人物仅仅是其中的一部分代表。

一、周而福，又名周平，平潭县伯塘村人，1932年生。1948年下半年参加革命，抄写张贴革命传单。1949年4月正式加入平潭人民游击支队。同年7月在长乐时，周而福任吴兆英通讯员（警卫员），负责保护其安全，并为其做些事务工作。后来，周而福在回忆文章中写道："老唐（吴兆英）笑着对我说，你以后和我一起工作，一起行军生活。他还给我一支驳壳枪。从那时起我开始注意学习老唐的优点。他对党的事业和信念，忠心耿耿；对工作认真负责、谨慎细致；对上级尊重服从，对同事和同志主动爱护团结。由此，老唐也得到一些比他党龄长、参加革命早的老同志的尊重和支持。他这些好传统、好的思想作风对我影响很深，对我以后的工作受益匪浅。"

周而福曾任班长、文书、事务长、区分队队长、侦察参谋等。1954年5月，他调任闽侯军分区司令部参谋。1956年调任晋江军分区司令部参谋。1957年选送中央人民公安学院学习。1959年调任中央军委总参谋部参谋。1970年后历任副处长、处长（正师级）。曾立三等功3次。1988年离休。

二、吴国彩，平潭县伯塘村人，1923年生。1948年4月经吴兆英介绍入党，并参加潭西北区委武工队。在吴兆英的培养下，他逐步成长为坚强的共产主义战士。1948 年 10 月，被选为平潭人民游击队党支部委员。1949 年 2 月，任平潭人民游击支队第一中队长。同年 5 月 5 日，攻打中正堂时勇挑重担，主动承担起由 40 人组成的敢死队队长的责任。在战斗中，他冲锋在前，不幸中弹，血流不止。

两个小时后战斗结束，战友们将吴国彩和同受重伤的吴翊成送到医院抢救，因手术医生只有一人，医生认为抢救吴国彩把握更大些，想先抢救之，然而吴国彩却坚决不允，执意把生的希望留给战友吴翊成。后来吴国彩终因延误了抢救时机，失血过多而光荣牺牲，终年 27 岁。他这种无私无畏、舍己为人的高尚品德，永远铭刻在人们的心里。新中国成立后，党和人民为了纪念这位忠诚的共产主义战士，把他的家乡伯塘村改称为国彩村。

三、吴翊成，平潭县伯塘村人，1924 年 8 月 21 日生。1949 年 2 月由吴兆英介绍入党。1948 年 9 月参加平潭人民游击队，并成为骨干。紧接着，他动员弟弟吴翊章、吴翊达、吴翊华和妹妹吴水仙也参加游击队，连他的父母都被说服参加游击队活动，真正是全家革命。

1949 年 5 月 5 日夜进攻县城时，吴翊成是敢死队摸哨组组长。混战中，吴翊成左侧脸部中弹，血流如注，摔倒地上。其胞弟吴翊章见状欲过去救援。吴翊成坚决地说："不要管我，赶快往前冲，杀敌要紧。"战斗结束，战友们将他和吴国彩送到医院抢救。吴翊成醒过来之后，获知吴国彩因先救自己延误手术而牺牲时，顿即号啕大哭，捶胸顿足，痛惜不已。吴翊成光荣负伤，荣立战斗一等功，并被提拔为解放军副连长、代连长。1956 年荣获中华人民共和国解放奖章。1962 年转业地方，曾任县税务局副局长等职。1989 年离休，享受县处级待遇。

四、吴翊耀，平潭县伯塘村人，1925 年出生。1949 年 4 月参加革命，为平潭人民游击队支队分队长，工作积极，作战勇敢。1949 年

7月7日，在福清菜安与国民党军战斗中，他是班长，一直坚守阵地，表现非常顽强。他看到敌人冲上来，手榴弹扔完了用石头，子弹打完了用大刀，最后用自己的身体和敌人肉搏，击退了敌人无数次的冲锋。后来头部中弹，不幸当场牺牲，终年25岁。

五、吴章正，平潭县伯塘村人，1928年7月7日生。出身贫寒，为人刚直。1948年4月参加潭西北区委书记吴兆英组织的武工队，从此走上革命道路。1949年5月5日，他作为敢死队员，参加解放平潭县城的英勇战斗。同年7月上旬，参加福清县城扰敌战斗，因跳下丈余山崖，摔伤了腰骨不能立行。同他一起的吴秉华、阮邦恩欲背他离开险场，却被他推开说："快快指挥战斗，不要管我。"战斗结束，战友们搀扶他下山返回，途中他忍着伤痛，欣然哼唱："干革命为人民，推翻反动旧政权；穷人分田地，翻身当主人；干革命不怕苦，游击队员不怕死；战场难免要流血，为党为民最光荣。"次日菜安阻击战打响，因他腰伤尚未痊愈，领导决定将他转移，而他却谢绝说："我是班长，就是牺牲，也要同敌人拼到底。"硬要带伤走上战场，打退一次又一次敌人的进攻。敌人的子弹打穿他背在身上的牙杯，差点中弹。在战斗的空隙，他激情地为战友们唱战歌，鼓舞队伍士气和战士斗志，坚持战斗到最后胜利。随后，他多次参加永泰、闽清的剿匪反特战斗，立下了赫赫战功。1955年8月转业地方，任平潭县五区副区长，后来担任敖东公社社长、厦门水产学校平潭分校校长等职。1980年12月离休。

六、刘宝珍，吴章正妻子，娘家平潭县青峰村，1932年农历正月初七出生。1949年农历正月二十日，接吴孟良通知，她带领冯春梅（吴孟良妻子）、游玉英（吴章英妻子）、吴春兰和吴章唱妻子许氏等4位妇女到玉屿，参加平潭人民游击支队。她们5姐妹被编入特务队，负责洗衣、做饭和打铁时拉风箱等游击队后勤事务。刘宝珍还请假回青峰村娘家，动员父亲刘细弟、母亲吴月莲、大弟刘恒琪、二弟刘恒琛、三弟刘恒桐等一家人参加平潭游击支队。新中国成立后，刘宝珍担任伯塘乡（辖伯塘、东占、招康3村）妇女主任，发动妇女起来移风易俗，贯彻婚姻法，提倡婚姻自由，反对买卖婚姻。她编了一句"卖猪卖羊，不卖诸娘（女人）"的顺口溜，到处宣传，从而刹住了买卖婚姻的歪风。

七、吴国共，平潭县伯塘村人，1931年5月19日生。1948年11月，参加平潭人民游击队，走上革命道路。1949年2月任平潭人民游击支队少年队长。1949年5月5日，参加解放平潭县城战斗。7月随吴兆英转移长乐，8月17日配合长乐游击队参加解放长乐战斗。9月16日配合大军解放平潭。10月奉命参加支援解放金门战斗。1950年冬，编入解放军平潭大队一连任排长。1951年任平潭五区中队长。其间跟随吴兆英参加屿头等岛屿的剿匪战斗。因作战勇敢，在部队立三等功一次。1952年8月转业地方，历任平潭县伯塘乡党支部书记、中共五区宣传委员、中楼区副区长、大练乡党委书记、县革委会工交组组长兼平潭标准砂厂党支部书记、县农业机械化领导小组副组长兼办公室主任、县扶贫办主任、县农委调研员等。1994年离休，享受副处级待遇。在职期间，曾当选县人民代表、县党代表、县委委员；荣获平潭党务工作个人一等奖1次，福州市扶贫工作先进个人5次。

八、吴章富，平潭县伯塘村人，1918年1月生。1948年2月参加吴兆英领导的革命活动。曾任游击支队中队长。1949年5月5日参加奇袭中正堂战斗。6月30日随游击支队主力转移福清，7月6日夜率队袭扰驻县城敌军。7月7日率吴翊耀等30名队员参加菜安阻击战，歼灭敌人。此后在永泰洋尾寨与两股敌匪激战多日，吴章富英勇无惧，负伤仍坚持战斗，直至最终胜利。1949 年 9 月加入 28 军特务连，负责情报搜集工作，参加解放平潭战斗。解放后历任平原乡党委书记、砂厂厂长兼支部书记、油酒厂厂长、农械厂支部书记等。享受离休待遇。

九、吴翊銮，平潭县伯塘村人，1927 年 12 月出生。1947 年夏，在堂兄吴兆英的引领下，参加地下革命组织，在福州、平潭等地从事组织交办的地下工作。1949 年初，加入平潭人民游击支队，任分队长。在参加攻打中正堂和菜安阻击战等战斗中，他既英勇无畏又机智灵活，取得了以弱胜强的胜利。解放后，先后担任闽侯军分区排连级职务，平潭县人武部助理员，授衔中尉。转业地方后历任国营平潭东澳海带养殖场场长，潭东公社党委副书记、革委会主任，县水产局副局长，县地下党问题办公室主任等职。1987 年 8 月因病去世。

十、陈景华，又名陈细妹，1904 年 5 月出生在一个贫苦的农民家庭。原籍平潭县半山村，1948 年初迁居伯塘村，以打铁为生。同年 6 月，为适应白区形势需要，吴兆英指示武工队员推举陈景华为伯塘保长，让他以保长身份为掩护，从事地下革命活动。1949 年 9 月 14 日，为营救革命同志，他不幸被国民党七十三军抓捕入狱，惨遭敌人动用的"老虎凳"、"铁鞭"、"炮烙"等酷刑逼供。但他宁死不屈，大义凛然，不露半点秘密，从而保护了掩蔽活动的地下党员和游击队员。他在狱中还鼓舞大家："头可断，血可流，革命气节不能丢。"最后被杀害。他的英雄气概，崇高品德，永远值得我们怀念。

十一、吴谨忠，平潭县伯塘村人，1920 年生。1949 年 4 月参加革命，曾任伯塘村武工队队长，积极投身于游击根据地的各项活动中。游击队撤离平潭后，不幸被国民党 73 军所捕，于 1949 年 8 月 22 日，被活埋在潭城镇右营。享年 29 岁。

十二、吴章合，平潭县伯塘村人，1923 年 7 月生。1949 年 5 月参加革命，任平潭县游击支队班长，思想进步，工作积极。游击队撤离平潭后，不幸被国民党 73 军所抓捕。于 1949 年 8 月 22 日，被活埋在潭城镇右营。享年 27 岁。

十三、吴章灿，平潭县伯塘村人，1927 年 12 月生。1948 年 5 月，参加吴兆英创建的潭西北区委武工队。1949 年 5 月 5 日，参加解放平潭县城战斗。后分配在机帆船负责海上巡逻。不久到长乐，分配在吴兆英身边，配合长乐游击队参加 8 月 17 日解放长乐战斗。9 月 16 日配合大军解放平潭。10 月奉命参加支援解放金门战斗，任副班长。1950 年冬，编入解放军平潭县大队任班长。县大队改为独立营后任三连班长。其间跟随吴兆英参加屿头等岛屿的剿匪战斗。因作战勇敢，在部队立四等功 2 次。1952 年 7 月复员。同年 12 月在伯塘供销社任营业员、业务组长、经理。1962 年后历任伯塘、大练、东庠水产站站长。其间评为县先进工作者 4 次。1980 年离休。

吴章灿现年 97 岁，身体健朗，头脑清晰，我们采访他时，他滔滔不绝地说了吴兆英许多感人的事迹。其中他说道："老唐作战身先士卒，每战都是他打头阵，冲在最前面指挥战斗。他非常关心爱护战士，每餐吃饭都是等大家开始吃了，他才入座就餐；每夜睡觉都是等大家上床入睡了，他才准备就寝。凡有战士患病，他都亲自过问，具体安排护理照顾。他从不发脾气，从不训斥下级。如有战士犯错，他会认真指出，让其自己改正，但不谩骂责备。因此，许多战士都说，跟着老唐干革命，再苦再累心也甘，就是牺牲了也情愿。"

在革命斗争的烽火岁月里，伯塘村民在吴兆英的号召下慷慨解囊，筹资献粮，参加作战，不怕牺牲，甘冒风险，同国民党反动派作不屈不挠的斗争，涌现出一大批可歌可泣的英雄人物和优秀儿女。

1984 年，伯塘村被省政府确定为革命基点村，第一次评为"五老"者，全村计 96 人；后来又评上一批，合计 100 多人。革命烈士有吴国彩、吴翊耀、陈景华、吴谨忠、吴章合、吴翊光、吴翊虞等 7 人。

第十八回　勤政为民　聚焦民生

1964年8月，吴兆英脱下布满征尘的戎装，转业地方，回到故乡，担任平潭县委常委、县政府副县长，分管农业、渔业、水利和财贸等项工作，投身社会主义建设事业中去。

从此，他以更加抖擞的精神，勤勤恳恳，兢兢业业，恪尽职守，为建设新平潭，为家乡人民谋福祉而努力工作。

作为县委、县政府的领导人之一，吴兆英十分注重平潭的民生工程，特别是在几个大的项目中，他作出了有目共睹的贡献。

第一，竹屿口围垦工程。

平潭海岛人多地少，粮食不能自给，但海岸线蜿蜒曲折，有许多可以围垦造田的滩涂。为了扩大耕地面积，以白怀成为书记的中共平潭县委于1958年作出了围堵竹屿口的重大决定。

竹屿口位于海坛岛中部西侧海岸，原为潭城港的出口处，南岸为务里山，北岸为竹屿山，东连潭城港，西为海坛海峡。潭城港口小腹大，形似葫芦，海域面积21.23平方公里。

根据平潭县人民政府申请，福建省商业厅于当年冬天批准了竹屿口围垦工程项目，并决定投资384.5万元。1959年，成立平潭县竹屿口围垦工程总指挥部，县委副书记杨玉鸿任总指挥。县人武部副部长吴兆英任总指挥部成员，参与竹屿口围垦造田工程的决策，对如何围垦提出建议，得到县委杨玉鸿副书记的采纳。

"围堵竹屿口"是平潭人民千百年来的夙愿。过去，国民党反动政府曾以"围堵竹屿口"为名敲诈民脂民膏；帝国主义财团为牟取暴利也曾派专家前来勘察，但都因工程浩大艰难，而望洋兴叹作罢。

诚然，"围堵竹屿口"是高难度的浩大工程，当时是平潭有史以来的第一大工程，也是当时全国围海工程中港道最深的工程。虽说潭城港"口小"，那是相对其"腹大"而言，其实它的"小口"长达1192米，水深20多米，且风大浪高潮急，仿佛豹嘴虎口，人若掉落其口中，就别想生还。而平潭是一个贫困的蕞尔小县，资金奇缺，设备特差，当时没有推土机、起重机，连一辆运载土石的汽车、拖拉机都没有，能完成这样巨大而艰难的围堵工程任务吗？当时，平潭县干部们的心中多少都打着这样的问号。

但吴兆英在1959年12月25日动工誓师大会上表态说："我们一定能完成这个巨大而艰难的围堵工程任务。"围堵工程破土动工之后，吴兆英不顾严寒酷暑，不避狂风暴雨，多次同4000多名民工和300多位干部一道战斗在施工的第一线。

1962年10月12日，"竹屿口围垦工程"宣告竣工。整个工程历时3年之久，总投资384.5万元，共动用运输船只416艘，征集固定民工4000多名，共投入100多万个劳动工日。平潭县直机关、县人武部、标准砂厂、国营林场、县医院以及驻岛陆海部队在此间经常组织人员参加义务劳动。海堤堵口合龙时，全县总动员的人数多达1.2万人。工程共填入土石192万立方米，建海堤全长1192米，围垦港区总面积21.23平方公里，除原小岛屿占地200公顷外，实有滩地1923公顷，开垦耕地1475.1公顷，海水养殖面积186.7公顷，保护竹屿港区沿岸 5000 多亩农田免除潮汛洪水灾害的威胁。

平潭竹屿口围垦工程，是平潭县人民在设备简陋的情况下，应用木帆船、人力车、箩筐、扁担等简陋工具完成的，创造了平潭县围海史上的奇迹，受到了全县 20 多万人民的热烈称赞。

1966 年 7 月，县委县政府成立"平潭县竹屿海滩地开发指挥部"。作为分管农业、渔业、水利和财贸等工作的县领导，吴兆英成为开发指挥部的主要成员之一，他参与领导全面开发竹屿海滩地，组织全县民工按规划、时间、步骤进行开发建设：修路、挖沟、植树、移民建村，打通西楼隧道，修水渠引导三十六脚湖淡水进入海滩。1971 年，2 万多亩盐碱地改造成耕地、林地和养殖场，成为全县最重要的粮食和蔬菜生产基地，成为宜业宜耕的聚居区域。动员缺地社队 230 户、1317 人到海滩地移民落户。至 1995 年，潭城海滩地共有 7 个行政村、20 个自然村、1249 户，耕地面积 4648 亩，水产养殖场 2 个，小学 4 所，当年粮食产量 1411.8 吨，鱼产量 20 吨。

凭目眺望，千亩良畴，阡陌纵横，绿浪荡漾，稻熟麦黄。吴兆英喜不自禁道："平潭祖祖辈辈留下的可耕土地只有区区 9 万亩，开发海滩地一下子就增加了 2 万多亩。常言道'民以食为天'，这可是解决平潭人吃饭的大事啊！"

正是"艰苦围堵竹屿港，为民造福千万代"。从 2011 年 8 月 9 日开始，平潭综合实验区管委会在围垦的海滩地上兴建"竹屿湖公园"，作为城市与自然的过渡地带。公园占地 6196 亩，其中水域 3298 亩，陆地 2898 亩。经过 8 年多的建造，如今"竹屿湖公园"的面貌已经显现。站在大堤上俯瞰，那两个闸门宛若两位钢铁巨人严守着竹屿湖的临海大门。抬眼眺望湖内，目之所及无不青翠葱绿，湖水碧波荡漾，白鹭成群结队，环湖木栈道犹如五彩腰带。如果轻舟泛于湖间，那将是怎样的一种惬意？竹屿湖将被建设成为平潭最大的现代化的都市滨水生态公园，是游览、避暑、疗养的理想圣地。

第二，火烧港盐场建设工程。

火烧港，亦名火烧屿、火烧澳、天山澳，位于平潭北厝西部海岸，天山美村北。"浅水，出产蛏苗、蛎房，常有船舶出没"，面积约3平方公里。清顺治四年（1647年），南明鲁王封周鹤芝为平彝伯。同年5月，周鹤芝攻取福清海口、镇东二城。翌年3月，清兵克复，周鹤芝退守火烧屿，将之作为抗清复明基地之一。

因应军工民食需求战略，1970年6月17日，福建省革命委员会决定在海防前哨平潭岛建设火烧港盐场。9月，围海筑堤工程战役打响。全县上下总动员，党政军民大会战。千军万马，在这片泥泞上摆开战场。在驻岛部队支援下，广大建设者攻坚克难，吃的是凉水粗粮，住的是拥挤板房。先后投入86万个工日，挖填石方120万立方米，总投资146万元，筑起5条总长度1409米的海堤。

吴兆英先是参与火烧港盐场建设工程项目的决策，1970年12月调任莆田地区工业品二级站经理、党支部书记，后调回任中共平潭县委常委、县革命委员会副主任，分管火烧港盐场项目。是时，工程转入气势磅礴的内滩建设。千余名盐场职工继续发扬不怕困难、连续作战的精神，先后完成了一、二工区蒸发池、结晶池、纳潮渠、排洪沟、公路等制盐主体工程，以及闸门、扬水站、溢洪道、电网、码头、厂部和工区生产生活等附属工程建设。1975年，部分盐田建成投产。福建省盐业机械化生产试点的火烧港第三工区，于1978年竣工。至此，火烧港盐场全面建成投入使用，内滩建设共计投入195万个工日，完成土石方187万立方米，总投资435万元，全场总面积6万多公亩，成为福建省第四大国有盐场和平潭最大的国有企业，省盐业机械化试点，原盐出口基地、食用盐定点企业，福建省首批"省级先进企业"。

第三，三十六脚湖自来水工程。

自来水工程建设，无疑是连接市井烟火气的"民生工程"、"德政工程"。

三十六脚湖，位于潭城南部，北厝东侧，面积 1.91 平方公里，为福建省最大的天然淡水湖。该湖是新石器晚期地壳抬升，与海湾口七里埔松散沉积物泥沙淤积封闭而成。湖岸蜿蜒曲折，湾汊四伸，似有36 只脚而得名。湖周长约 16.5 公里，流域集水面积 13.4 平方公里，湖水最深处 13 米，正常水位高程 16.3 米，蓄水量 1290 立方米。湖中有大小龟山、龙屿及其他花岗岩造型景观。龟山上古营寨遗址，系明末清初南明水军都督、平海将军周鹤芝所筑。

1975 年 7 月，经县分管领导吴兆英签批，平潭县革命委员会拨款50 万元，在中南村福募山修建平潭县自来水厂，抽吸三十六脚湖湖水，经净化后供城关地区工业、居民用水，1977 年夏竣工供水，这是平潭人民第一次用上了自来水。

第四，平潭县人民体育场工程。

1975 年 12 月上旬，经吴兆英等县领导研究，平潭县革命委员会拨款 30 万元，建设平潭县人民体育场，1982 年 1 月 1 日建成，占地面积 3.36 万平方米，建有 400 米椭圆形跑道，可容纳观众 5000 多人。20 世纪 90 年代末，有房地产开发商意欲开发体育场建设商城。吴兆英时任平潭县离退休干部党支部书记，对此表示坚决反对，并协同离退休老同志向县领导反映意见，体育场终得保留沿用迄今。有群众对此评价说："事关人民群众的利益，吴老（吴兆英）一点也不含糊。"

第十九回　深入群众　狠抓生产

1965 年 7 月，平潭县开展省部署的点上社会主义教育运动，县设社会主义教育运动总团，各公社设分团，平潭县委常委、副县长吴兆英任屿头公社社会主义教育运动分团团长，带领社教工作队 70 多人，于 1965 年 7 月进驻屿头公社及其所辖的各个生产大队。这次社教是以中共中央工作会议通过的《农村社会主义教育运动中目前提出的一些问题》（即"二十三条"）为指导，既充分发动群众，又一分为二看待干部，运动和风细雨，定案实事求是，达到干部受教育，群众也满意的目的。

吴兆英率领社教工作队进驻屿头公社及其各个大队后，第一步，用 20 天时间，在全体党员、干部和贫下中农以及其他群众中，广泛宣传"二十三条"。从第二天开始，分送各地张贴，并训练骨干进行宣讲，把中央的政策直接传达给群众。各社直单位和各大队随即召开各种会议组织宣讲和漫谈，在广大群众中进行广泛宣传贯彻。

第二步，用 20 天时间，分团召开全社两级干部会议，学习贯彻"二十三条"。会议分两个阶段进行：第一阶段 10 天，公社所辖脱产干部参加，前 9 天学习"二十三条"，中间 8 天进行"洗手洗澡"、放包袱，最后 1 天研究当前工作和第二阶段的大队干部会议问题。第二阶段 10 天，大队干部参加，首先由分团长吴兆英做关于学习"二十三条"的辅导报告，从当前形势、运动性质、干部问题、建立贫下中农协会等方面做了详细讲解；然后进行"洗手洗澡"、放包袱。会议期间，还组织到会干部观看有关电影。通过会议，到会干部对"二十三条"有了比较全面的领会，大多数人放下了思想包袱，调动了生产积极性。有的干部反映："学习了'二十三条'，好像吃了定心丸。"

第三步，用 20 天时间，分团和公社党委根据"二十三条"精神和全社两级干部会议的部署，采取多种措施，逐步纠正在原"四清"中出现的一些"左"的做法和冤假错案。从分团工作队到公社党委，深入基层蹲点，摸索工作经验，发动群众落实口粮分配、干部误工补贴等有关具体政策，调动干部和群众的积极性。

由于吴兆英坚持实事求是的原则，采用和风细雨的办法，深入调查研究，从严把关，没有出现新的冤假错案。

第四步，组织生产新高潮。工作队和社员群众实行"三共同"：即同吃、同住、同劳动。

到这年 12 月 25 日，吴兆英率领胜利完成社教任务的工作队回县，向县委书记史奎元汇报，受到表扬。

1966 年，"文化大革命"的熊熊烈火已经燃烧到平潭县的大岛小屿。县委主要领导人被"靠边站"，许多单位的领导干部都受到冲击。在这种混乱的状态下，也受到冲击的县委常委、副县长吴兆英为了平潭人民的利益，不但坚持工作，而且还毅然挺身而出，于 11 月主持召开县委"五秋"工作会议，并在会上做了热情洋溢的主旨报告，足见他的工作魄力和对党的赤胆忠心。

参加"五秋"工作会议的有县、社、队三级干部 300 多人。

据当时听者回忆和有关档案资料，吴兆英的报告从以下几个方面对"五秋"工作进行了部署。

首先，吴兆英分析了"五秋"工作的大好形势。

他说："农业生产，由于全县人民以毛泽东思想为指导，连续战胜了干旱和严重的虫灾，秋收将取得较好的收成。水利建设也打了一个漂亮仗，广大群众学愚公、当愚公，决心改变干旱面貌，秋前水利建设完成51万土石方，这是平潭史无前例的。冬种（秋种在平潭习惯称为冬种）的良种也是历年来数量最多的。不少大队由于发扬不怕疲劳，连续作战的作风，一仗接一仗地打，不但水利搞得好，冬种肥料也抓上去。做到了水利、肥料和秋收准备三不误。到11月5日止，全县积肥190多万担。江楼、松厝、凤楼以及其他一些大队，由于认真贯彻毛主席提出的抓革命，促生产的方针，群众政治觉悟和生产积极性很高，水利、冬种和秋收准备都搞得很好。

"渔业生产取得了前所未有的大丰收，到10月底全县渔业产量达72万担。目前广大渔民意气风发，干劲十足，不自满，不松劲，继续为秋汛丰收和冬汛准备而努力。全县出现了不少用毛泽东思想指导冬汛，不靠贷款，只靠自己力量搞好冬汛的单位，北港、渔庄大队和南海公社就是他们中的典型。"

其次，吴兆英动员大家把"五秋"工作推向高潮。

"五秋"是指农业的秋收、秋耕、秋种、秋购、秋配。但吴兆英从平潭实际情况出发，他在这里着重讲农业的秋收、秋种、秋配和渔业的冬汛。

一要下定决心搞好秋收，把一年辛勤劳动的丰收果实颗粒不丢地收好、晒好、藏好。毛主席说，"吃饭是第一件大事"。秋收占平潭全年粮食总产量的80%多。收得好坏，对完成全年任务，对安排群众生活，有决定性的意义，一定要不失时机地抓紧抓死抓准抓好。要在收、运、切、晒、藏等各个环节上妥善组织，落实措施，堵塞漏洞，防止丢失。

二要千方百计保质保量按季完成冬种任务。冬种的面积要尽最大的努力保证完成，有条件的应力争多种一些。要把肥料当作一个硬仗来打，大积土杂肥、农家肥、海肥，积极推广磷肥，要边积边用，保证冬种用肥需要。

三要切实搞好全年分配。粮食分配首先要保证完成征购任务，留足种子、饲料；现金分配必须先提足折旧，留足三金和生产成本，有条件的队还应预留一部分明年的生产成本。公积金应在保证社员收入比去年有所增加的前提下适当提高。

四要坚持自力更生精神，把渔业备汛完成在渔汛到来之前。渔业要边生产边备汛。要学习推广北港、渔庄大队和南海公社备汛的经验，放手发动群众，自力更生，解决资金不足的困难，反对眼睛向上、消极等待的思想。

接着，吴兆英宣布了1967年全县的生产计划。

主要指标包括全县集体粮食生产要达到358000担；全县水产品要达到720000担；水利增加受益面积29000亩；造林70000亩；种草20000亩；改造低产田10000亩；养猪年终存栏数45000头，其中母猪8000头；耕牛4500头。

吴兆英在报告中要求各社队要及早提出1967年的生产计划，确定全年工作要点和要办的几件大事。

随后，吴兆英要求加强"五秋"工作的领导。

一要实行领导、劳力、资金、物资四集中。五秋是一项季节性很强的任务，时间紧，任务重，社队领导要不误农时，集中力量打歼灭战。要发扬不怕疲劳、连续作战的作风，一鼓作气，坚决打胜这一仗。

二要关心群众生活，注意工作方法。群众干劲越大，越要关心群众生活，做好群众的生活安排，注意劳逸结合，合理安排农活，提高工效。要发扬生产民主，坚持群众路线，开展比学赶帮超运动，大力表扬好人好事，使后进赶先进，先进更先进。

三要加强对敌斗争。平潭县地处海防前线，在紧张的"五秋"战斗中，各级领导一定要生产、海防一起抓，加强对敌斗争，及时打击敌人的各种破坏活动，保卫五秋工作的顺利进行。

吴兆英最后说，在完成"五秋"任务之后，各级领导要及时转入大抓渔业冬汛生产和以水利为中心的农田基本建设战斗，为明年农渔业生产更大发展打下坚实的基础。

诚然，平潭农渔业生产所取得的成绩，是广大农渔民和社队干部辛苦努力的结果，但和分管全县农渔业生产的吴兆英积极而深入的领导也是分不开的。

吴兆英的作风与有些干部不同，他上班不喜欢坐在办公室里"喝喝茶水看看报，打打电话听汇报"，而是下乡到社队群众中去，到生产第一线的田间去，调查研究，发现问题，解决问题，狠抓农渔业生产。转业回平潭短短两年多的时间里，吴兆英顶风雨，冒酷暑，踏泥泞，翻山越岭，跋山涉水，走遍了全县的所有公社和大岛的所有大队，为群众和干部解决了许多生产中和生活中的难题。熟悉他的平潭县干部都说，吴兆英下乡不是组织上分配他下乡他才下乡，而是他自己要下乡；他下乡不是单纯为了完成上级布置的中心工作和政治任务，而是为了抓生产，为了帮助群众解决困难，为了替群众办实事。

老干部王祥和说："吴兆英工作深入，能力强，办法多。他抓什么工作，什么工作就起色。他在平潭分管渔业生产期间，亲自北上浙江沈家门渔场，指导平潭渔民在该渔场捕鱼作业。并同渔民一起研究并推广渔业技术改造，从而提高了渔业捕捞产量。"

第二十回　整顿盐场　成效显著

1975 年初，在毛泽东、周恩来的支持下，邓小平全面主持中央和国务院的日常工作，大刀阔斧地进行各方面整顿，取得显著成效，全国形势明显好转，社会秩序趋于稳定，国民经济迅速回升。

这年 10 月，遵照邓小平加快落实干部政策的指示，平潭县委、县革命委员会为了尽快使被打倒的老干部恢复工作，举办了一个"学习班"。平潭县委常委、县革委副主任吴兆英也被通知参加这个"学习班"学习。由于吴兆英态度端正，对自己的问题坚持实事求是，自我检查深刻，受到莆田地委书记肖文玉的表扬，于这年 12 月被任命为莆田盐场党委书记、革命委员会主任，主持盐场全面工作。

莆田盐场地处山川秀丽的湄洲湾腹地，成立于 1958 年，占地面积 9.4 万公亩，年盐产量 10 万吨左右，占全省的四分之一，拥有职工 1700 多人，下属 11 个生产工区、97 个生产班组，是福建省的一流盐场。但是，受"文革"影响，生产受到很大的干扰和破坏，盐场几度处于瘫痪或半瘫痪状态。

因此，急需派一名强有力的老干部到莆田盐场担任第一把手，领导盐场进行整顿，恢复正常生产秩序。地委书记肖文玉知人善任，他认为久经战火考验的吴兆英能够当此大任。

诚然，吴兆英没有辜负地委领导的信任和厚望，1975 年 12 月，他到莆田盐场上任主持工作后，一心扑在工作上，大刀阔斧地进行整顿，使莆田盐场很快就出现一个"安定团结把生产搞上去"的新局面。

据统计，莆田盐场的原盐产量 1975 年为 60,482 吨；吴兆英主持工作一年后的 1976 年原盐产量就达 94,612 吨；到了 1977 年，原盐产量飙升到 143,359 吨，是 1975 年产量的两倍多。

吴兆英整顿莆田盐场之所以取得显著成效，是因为他的一系列努力。

一、调查研究，对症下药。

1975 年 12 月，吴兆英刚到莆田盐场上任的头一周，他都没有坐在办公室里坐班看文件、接电话、听汇报，而是深入到各个工区、生产班组调查研究，掌握第一手信息材料。他分别找各个工区干部、班组长、老职工个别谈话，听取他们反映的意见，并且深入盐坎观看各个班组的作业生产，还结合了解职工家属的生活状况。

一周来，吴兆英马不停蹄，走了全场 11 个工区的许多个生产班组，找了 20 多人个别谈话，从中得出目前盐场存在着两个必须纠正的大问题：一是派性严重，二是盗窃公盐成风。

一周后，针对存在的这两个大问题，吴兆英对症下药，采取有的放矢的一些措施。他用一天时间召开全场三级（场、区、组）干部会议。上午，吴兆英在大会上作报告，下午以工区为单位小组讨论。

在大会上，吴兆英旗帜鲜明地提出"反派性，反盗窃，安定团结把生产搞上去"的口号。

对于反派性，吴兆英说："毛主席反对派性，他老人家提出革命群众没有理由一定要分为势不两立的两大派。那么，号称最听毛主席话的造反派们为什么不听毛主席这一段话呢？"吴兆英劝告至今还在热心派性活动的人，立即悬崖勒马，否则将进"学习班"学习反省。

对于反盗窃，吴兆英说："国家财物受法律保护，不得侵犯。盗窃公盐是犯罪行为，都要视情节轻重接受法律惩罚。今后再发生盗窃公盐行为，都必须交执法部门审理法办，不是场保卫组可以自行处理的。因此，我们盐场必须立即行动起来，坚决刹住盗窃公盐歪风，否则后果不堪设想。"

下午以工区为单位进行小组讨论。在讨论时，大家都说吴兆英的报告句句在理，给他们敲了警钟，使那些热衷搞派性和妄图盗窃公盐的人受到深刻教育，决心改邪归正。

从此，盐场的派性活动销声匿迹。

从此，盐场的盗窃公盐歪风基本刹住。

二、团结班子，形成合力。

1975 年 12 月，吴兆英刚刚到莆田盐场上任时，场领导班子只有吴兆英自己一个人，真可谓"光杆司令"。面对 1700 多人的大企业，一个人委实顾不过来。经吴兆英一再请求，1976 年 4 月，莆田地委分配部队转业干部武玉枝担任莆田盐场革委会副主任、场党委委员，使吴兆英有了一个助手。和武玉枝同时进莆田盐场工作的还有魏金发、林仁善、朱顺盛等 3 位部队转业干部。

吴兆英喜出望外，他对武玉枝非常器重。为了树立武玉枝的威信，也为了表示对他和其他部队转业干部的欢迎，吴兆英主持召开一个隆重的欢迎座谈会。在欢迎会上，吴兆英热情洋溢的讲话，让武玉枝副主任和其他 3 位部队转业干部听了都非常感动，一致表示要在吴兆英书记的直接领导下，以场为家，竭尽全力工作，把莆田盐场办成主业突出、管理规范、品种齐全、设备先进的现代盐业生产企业。

吴兆英作风民主，善于团结同志一道工作；他有事总喜欢同武玉枝商量，从不独断专行。武玉枝年轻有为，头脑灵活，他尊重吴兆英，唯吴兆英马首是瞻，但也喜欢为吴兆英出谋划策。因此，两个人配合十分默契。由于领导团结，形成合力，战斗力强，工作就比较顺利，班子深得盐场广大职工的拥护。

三、培养劳模，树立榜样。

榜样的力量是无穷的。吴兆英知道劳模的正能量教育作用。在平时工作中，吴兆英十分重视发现劳模，培养劳模，宣传劳模，大张旗鼓地让劳模精神在莆田盐场职工中广为传播发扬，在场里树立一心为公的正气，刹住偷盗公盐的歪风邪气。

吴兆英一来莆田盐场没几天就发现第三工区共产党员陈亚松是位典型的劳模。陈亚松出生于1940年3月，他身兼生产组组长、工区民兵连长、治保主任等多项职务，每项工作都做得非常出色。

陈亚松作为生产组组长，他事事带头。他发动群众，革新生产工艺，改进工具设备，圆满完成场里下达的生产计划指标任务，组里的各项工作都名列第三工区的前茅。

陈亚松作为工区民兵连长，他立场坚定，敢于同歪风邪气作斗争，亲自破获了多起偷盗公盐案件，一律秉公处理。他利诱不动心，威胁吓不倒，说情行不通。家属挨骂，农苗被拔除，他全不顾。有人恐吓要打死他，他听后说："一个共产党员为革命利益而牺牲自己也是光荣的。"表现出共产党员无私无畏、大义凛然的革命气节，他保护了盐场职工群众生命财产的安全。

1977年初，场里要搞机械化试点，吴兆英就决定放在陈亚松所在的第三工区进行。这是一项思想革命和技术革命的艰巨任务。面对艰巨任务，陈亚松口不停地宣传，手不停地劳作。陈亚松担任三区机械化试点攻关小组长，他经常废寝忘餐，日夜苦战，历时半年，终于试点成功。把 96 个 5 公亩的小结晶池改成 20 个 22 公亩的大结晶池。压实池板没有大滚，陈亚松自己动手制作"土滚筒"，既省钱又实用，受到吴兆英的赞扬。

根据吴兆英的申报，1977 年，莆田军分区授予陈亚松"民兵好干部"称号。1978 年，福建省委授予陈亚松"劳动模范"光荣称号。同年陈亚松出席全国轻工业学大庆会议，被授予"全国轻工业先进生产者"称号。

然而，天妒英才，1983 年 6 月，陈亚松不幸病逝，终年 43 岁。但陈亚松的劳模精神仍然留在盐场职工的记忆中，成为鼓舞人们前进的力量。

四、救灾抢险，身先群众。

1977 年 7 月 31 日，莆田盐场受第五号台风正面袭击，风力 12 级，降雨量 129.9 毫米，最高潮位 6.7 米。海水顶托，淡水排不出去，淹滩 3 万公亩。卤井大部分被淹，生产元气受损。

面对严重灾情，遇险不惊的吴兆英心不慌，他沉着带领盐场职工打一场救灾抢险的攻坚战。他发扬在解放战争时的老传统，身先士卒打头阵，哪里有困难、有危险，他就出现在哪里，带领群众攻坚克难，解除险情。

在整整一周抗台风斗争的过程中，吴兆英没有睡一晚安稳觉，吃一餐舒心饭，始终战斗在救灾抢险的第一线。他这种为了盐场利益而不怕苦、不怕死精神，获得广大职工群众的拥护和爱戴。

第二十一回　勇于担当　改革有成

1981 年 12 月，吴兆英离开工作 6 年的莆田地区盐场，转岗出任莆田地区医药分公司经理兼党支部书记，开始了他又一个 6 年的企业领导生涯。

莆田地区医药分公司行政隶属莆田地区行政公署，业务归属福建省医药总公司。主要任务是负责全区所辖 8 县医药公司的业务指导、物价管理、统计财务汇编等项工作。

后来随着莆田地区撤区改市，莆田地区医药分公司改制为莆田市医药公司，吴兆英继续担任改制后的莆田市医药公司经理兼党支部书记，主持公司的全面工作。

是金子放在那里都会发光，是勇于担当的人才，不论做什么工作，都会攻坚克难，做出显著成绩。吴兆英就是一粒会发光的金子，就是一位勇于担当、善于攻坚克难的难得人才。前一个 6 年，他整顿莆田盐场，整顿成效显著；后一个 6 年，他改革医药公司，改革事业有成。他兢兢业业，他勇于担当，他身带言传，为他的继任者打下了坚实的基础，使后来的莆田市医药公司成为全省的先进企业，先后获得福建省文明单位、省五一劳动奖章单位、省重合同守信用单位、省思想道德建设先进单位等荣誉。

6年来，吴兆英在莆田医药公司呕心沥血，做了大量卓有成效的工作，每年都得到省总公司和市领导的表彰，这里仅举几项事例说明。

一、举办培训班。

吴兆英非常重视对员工的业务技术培训，努力为公司培养业务技术人才。他从刚上任不久的1982年到1983年，仅两年时间就举办了两期"中药技术培训班"，参加学习的有所辖8县的医药公司年轻职工78人（其中第一期30人，第二期48人）。这是全省同行业独一无二的创举，受到省医药总公司的表扬。

培训班每期两个月，全脱产，主要培训课程有：

1. 商业学基础；

2. 中医学基础（如望闻问切、君臣佐使、相生相克）；

3. 中药学基础（如十八反十九畏，药性与配伍，300种常用中药的性味、功效、用量）；

4. 炮制学（300种常用中药的加工炮制方法）；

5. 中药鉴定学（性状特征，真伪鉴别）。

这5个主课程是根据中医药大中专学科的课程安排的。讲课教师是从福清、仙游医药公司聘请实践经验丰富的老药工来担任，还从省中药公司聘请一位中医药大学中药系毕业的专业人员来讲课。每周考试一次，有理论考试，也有实物考试。

虽然时间只有两个月，但学员们反映良好，都说培训的实用性很强，培训的效果很显著。年轻的学员通过两个月的短期培训，系统掌握业务知识，在工作中将理论与实践有机结合，使工作能力和业务技术水平都得到有效的提升，从而成为公司的业务骨干，有的还成为店长和中层领导骨干。

二、实行体制改革。

莆田撤区改市后的 1983 年，莆田医药分公司下辖的仅余莆田、仙游两个县公司。作为新成立的莆田市，当地的医药"产供销"，既有"分公司"又有"县公司"，两个公司机构重叠，造成工作上的矛盾和人员经费的浪费。因此，既具有战略眼光又勇于担当的吴兆英提出实行体制改革，将"分公司"和"县公司"两者撤销合并，成立新的莆田市医药公司。

吴兆英这个主张得到了莆田市委和市政府领导的支持，但在具体操作时也遇到一些阻力。不过都被善于做思想工作的吴兆英加以排除了。

关于新成立的莆田市医药公司的地址问题，吴兆英原先是考虑就设在涵江六一西路 50 号莆田地区医药分公司内。其理由之一，是涵江水陆交通方便，市场繁荣，历来都是商业集镇，省内许多商贸机构都设在涵江。其理由之二，是分公司内的房屋较多，设备齐全，有宽敞的营业场所、足够的储药库房和职工宿舍。如果新成立的市公司设在莆田市内，那势必还要让国家投资建造新房屋，造成国家资金浪费。但后来市领导决定在城厢区筱塘北街新盖一座 2000 多平方米的医药大厦。这样，顾全大局的吴兆英自然就服从上级决定，将市公司设在新盖的医药大厦。

三、开展中药资源调查。

吴兆英十分关心中药资源调查。1982、1983 那两年，他经常下乡到所辖的平潭、福清、长乐、永泰、闽清、仙游等县医药公司视察，找职工谈话，进行调查研究，帮助他们解决困难问题。每到一个县，吴兆英都要了解当地的中药资源情况，并建议各县医药公司领导组织人员调查本地中药资源，进行登记、汇编。

吴兆英这个建议是在上级有关开展中药资源普查的通知下达之前提出的，这说明他具有超前意识。

1986年，中国药材公司向全国发出开展中药资源普查的通知。吴兆英对这个中国药材公司的通知极为重视，他大力宣传通知文件内容，促进普查工作顺利开展。

莆田市中药资源的普查工作于1988年结束。随之，莆田市医药公司编印了《莆田市中药资源普查工作报告》《莆田市民间单方》《莆田市中药资源名录》等三部书，上报并分发交流，受到了上级部门和同行的好评。

四、关心群众生活。

吴兆英是一位从枪林弹雨中幸存下来的老革命、老干部，但他从不居功自傲，从不摆官架子，从不骂人训人，总是那样和蔼可亲，那样平易近人，那样艰苦朴素。他全年在大食堂里和员工吃一样的饭菜，从不享受领导干部的特殊待遇。公司员工对他都很尊敬，但都不怕他，有话都敢对他说。有抽水烟爱好的男员工都敢从他手中接过水烟筒抽起来，真正是干群打成一片。

吴兆英关心职工生活，经常帮助有困难的职工解决困难。吴兆英也关心职工的文化生活。20世纪80年代初期文化生活匮乏，他千方百计为公司职工买到一部非常稀缺的电视机，丰富了职工的业余文化生活，深受职工欢迎。

吴兆英积极帮助老同志落实干部政策。公司老员工孟健民是解放前参加革命的老干部，她丈夫是部队师级干部。她因两次响应国家号召下放回家，但其档案没有保存好，造成她的个人历史不清。吴兆英认真听取她的申诉，并为她整理申诉材料向上级报告，从而解决了她的历史遗留问题。

第二十二回　发挥余热　树立家风

1987 年 12 月，吴兆英光荣离休。

40 年的革命生涯，为了自由与光明的新中国，吴兆英出生入死，冲锋陷阵 17 年；转业地方工作 23 年，期间在莆田地区工作 15 年，在平潭工作 8 年。不论在什么样的工作岗位上，他始终都以一个共产党员的标准严格要求自己，时刻牢记全心全意为人民服务的宗旨，坚守信念，敢于担当，勤政为民，踏实做事，干净做人。

吴兆英光荣离休之后，回到乡关故土平潭，本应好好休息，颐养天年，但他初衷未泯，本色不变，离而不休，仍然一如既往地为党工作，发挥余热，为民服务，多做贡献。

他连续两届八年担任平潭县离退休干部党支部书记，积极、主动、热情地组织老干部学习，为平潭的发展建言献策。他主持的党支部工作，卓有成效，屡受省、市、县党委的褒扬表彰。

与此同时，他连续 3 届 12 年受聘"平潭县关心下一代工作委员会"顾问。他不顾年迈体弱，身有多病，奔赴基层，走向学校，向青少年，尤其是中小学生讲革命斗争故事，作优良革命传统报告，真正做到关心下一代健康、茁壮成长。同时对"平潭县关心下一代工作委员"的整体工作，作了精心的指导，使平潭县关工委成为福州市的先进集体。

　　吴兆英心系人民，时刻牢记平潭的发展、平潭人民的福祉和安危。2004年初，吴兆英病重在床，对前来探望的干部道："常言说得好，'要想富，先修路'。跨海大桥要想尽办法建起来；平潭欠缺大的港口码头，金井码头可以扩建；要发展新兴产业，平潭人民才能真正走上富裕之路、幸福之路。"

　　吴兆英晚年经常对前来看望他的县里干部说，他当年在县委、县政府工作，最忧心的事就是台风来袭。每年夏秋两季，总有台风影响平潭。很多时候总会正面袭击，造成农田淹没，庄稼受损，水利设施冲毁，渔船渔具损坏，房屋倒塌，甚至家毁人亡。他语重心长地说："人民群众生命财产安全重于泰山，保护的责任大于天，是县里干部的头等大事，是县委、县政府工作的首位。因此，我在位时，一有台风预报，就万分紧张，就立即部署防风抗台，还亲自到重点乡镇、重点部位，尤其是沿海地区，检查各项措施落实情况。每每台风来临，我都要值班执勤，一旦发生险情，就组织抢险队伍及时抢救。台风过后，就检查损失情况，推动乡村尽快修复受损的农田、水利设施、渔港码头、群众房屋，全面、迅速恢复农渔业生产。"

　　吴兆英非常爱护干部，热心培养干部，他总是这样不厌其烦地把自己的为民思想和优良作风传授给年轻干部。

　　2002年，福建省老干局主办的刊物《东南秋色》上曾发表署名陈国俊的报道文章，表彰吴兆英离休后继续为党工作的先进事迹，受到广大读者的赞扬。

　　吴兆英既是革命者，也是优良传统的践行者，他尤其注重家风的建设。儿女们深情地回忆，父亲助人为乐，对党赤诚，也深爱家人，正所谓"多情未必不丈夫"。他们的爷爷勤劳节俭，挣下家业，曾以偌大的家产支持父亲干革命，但在特殊的年代被评为"地主"，受到不公正对待。吴兆英不避嫌，无微不至地照顾父母双亲。

吴兆英惦记牵挂远在云南的弟弟吴兆莹，经常嘱咐家人买些淡菜干、鳗鱼干、虾米、花生等土特产邮寄过去，捎去兄弟的情意。小妹住房有困难，吴兆英硬是挤出一间房子，让妹妹一家安顿下来，一住就是好些年。女儿吴正荣动手术康复期间，他天天清早在龙王头国家森林公园等候女儿，亲自陪她锻炼，直至康复痊愈。对于孙辈，吴兆英更是倾心呵护，关爱之意溢于言表。孙子吴浩记得爷爷经常带他到县体育场晨练。天刚熹微时就催他起床洗脸，教他学习太极拳，给他讲刚柔并济、顺势而为的道理。孙女吴珊特别感念爷爷奶奶的悉心照料，犹记得爷爷教她吃鱼要从头部开始吃到鱼尾巴，借此告诉她做人做事的道理，要有头有尾，善始善终。

孩子们都难以忘却，战火纷飞的年代，国民党反动派在平潭的代表势力林荫，到处抓捕革命家属。为了保护子女，母亲天天提心吊胆，东躲西藏，不得安生。1960年国民经济困难，自然灾害严重，为响应国家精简工作人员的号召，父亲不顾沉重的经济负担，带头动员母亲退职。孩子们记得，母亲一声不吭，识大体顾大局，承担起繁重的家庭事务。母亲思忖着，虽然在事业上帮不了父亲，就只有在家好好地照顾老人和孩子，让他无后顾之忧，这就是对他事业的最大支持、最大关心。小孩免不了感冒发烧，可孩子每次生病，母亲都独自一人抱着去看病抓药，还得算准时间，好早点回家给儿女们做饭备餐。爷爷奶奶生病以及父亲生病卧床那些年，都是母亲细心伺候，端水端饭，洗衣晒被，从无抱怨过，从未嫌烦过，从来都是以笑颜直面家庭的一切繁杂琐碎。

吴兆英曾颇为自豪地赞叹："一代好媳妇，三代好儿孙，妻子有多贤惠，家庭就有多兴旺。妻子是掌握家庭幸福的钥匙。"吴兆英和林瑞英这对革命伴侣，风雨同舟，相濡以沫，其不离不弃的坚贞爱情，日月可鉴，山海为证，成为后人一段佳话；成为子孙的楷模和无与伦比的精神财富。

孩子们的回忆眼睛里含着泪珠，听者也都为之动容。他们略带深沉的语气倾诉，丝丝沁脾，缕缕入骨。20 世纪 50 年代至 70 年代，这20 多年里，全家 10 多口人，上有父母、下有 8 个子女，仅靠吴兆英一份微薄的工资生活，日子过得紧巴巴的，唯有艰苦朴素、勤俭持家。薯钱配汤，地瓜叶当菜，这是每日里家常食谱。有次小学老师做家访，一脚踏进，看见饭桌上的"饭菜"，惊讶万分，对林瑞英说："想不到老县长家的孩子们吃得还不如我们家的。"孩子穿的衣服、鞋子都是林瑞英一针一线辛辛苦苦缝制的。新衣服都是做得特别长，缝缝补补，能穿好些年。大孩子穿了，留给小孩子穿，改了又改，缀满补丁。为了节省电费，林瑞英平时一个人在家，晚上都不舍得开电灯。她点一盏小煤油灯，跟着她在家里移来移去照明做家务。家里装一盏可升可降的 15 瓦白炽吊灯，既照楼上又照楼下，子女们每天晚上就围着这盏光线微弱的吊灯写作业。日常生活简朴，宁可生活艰苦、节衣缩食、受冻挨饿，也从不多吃多占公家一粒米、一分钱。吴兆英身上所体现的一生廉洁奉公，深刻地影响着子女。

吴兆英的儿女们写道："我们兄弟姐妹，在父母含辛茹苦培育中成长，在父母严厉教诲、温情激励中壮大。他们教诲我们要艰苦朴素、勤俭节约；培育我们要懂礼貌、讲文明、爱读书、会劳动、明道理、常谦让、涵养品德，培育风尚。父亲要求孩子们从小做家务、扫地、洗衣服、扒草、挑水，哥哥姐姐照顾弟弟妹妹，从小养成爱劳动、会做事、讲卫生、爱清洁的良好习惯。8 位兄弟姐妹中有 5 位都经历了上山下乡的艰苦磨难，尔后考上大学，或者参加工作。甚至，在对待邻居、同学这些小伙伴们，从小都相处融洽。周末一起山上扒草，一起海边钓鱼，一起小溪洗衣服。到了饭点，尽管家中生活颇为艰难，也要挽留小伙伴一起吃饭，做作业。夜深太晚，就留他们一起过夜，兄弟姐妹般的相持相待。"

吴兆英出生于"耕读世家"，非常重视孩子们读书学习，鞭策孩子们发奋努力，自强不息，勠力成才，做祖国的栋梁，回报社会，反馈桑梓故土。1970年，三女儿吴爱平上山下乡，后被招聘为县农械厂当工人，吴兆英动员她回平潭一中读高中，将来如有机会争取考大学，现在不用考虑为家庭承担困难，分忧解愁。1978年，二儿子吴建春准备参加高考，吴兆英许诺即使卖掉手表，也要供他上大学。吴兆英常对子女们说："你们会念书，我当乞丐都要供应你们上学；你们不会念书，那我就没办法了。"

三儿子吴建明以哽咽的声音讲述道："1981年，南昌陆军学院来平潭一中招生。在严苛的条件下，我被选中了。父亲很高兴，亲自陪同我去莆田95医院体检。在南昌陆军学院三年学习生涯中，我始终牢记父亲的嘱托，严格要求自己，以优异成绩毕业。期间，打破了学校两项长跑纪录，还代表南昌陆军学院参加全军院校运动会。1984年11月，父亲在莆田地区医药分公司任党支部书记兼经理。我代表守备3师参加了在莆田后卓举行的29军运动会，获得个人三项第一名的好成绩，还被留下来参加29军体工队冬训和备战福州军区运动会。每周末休息日我都会买些水果到莆田地区医药分公司的驻地涵江探望父亲。父亲依然保持革命老传统，虽然权力大，但清正廉洁、生活简朴，睡着简易的床铺，床上挂着用了10多年已经发黄还打着补丁的蚊帐，每天几乎都穿同一样的外套，自己在食堂排队打饭吃，住的房间没有任何零吃的东西，每月将钱节省下来全部寄回家，自己过着清贫的生活。"

正因为吴兆英的言传身教，与他们的艰苦努力，8 位子女中有 7 位接受大学教育、1 位中专毕业，实现了教育、学业"满堂彩"。在勤劳、正直、节俭、诚信、友善的家风熏陶下，吴兆英的 8 位儿女都成为中共党员，都在各自的工作岗位上默默奉献，业有所成。五代同堂 56 人的大家庭中，中共党员 22 人、硕士 9 人、大学 20 人、专科 12 人，荣获地市级三等功以上的立功受奖者 42 人次。对此，吴兆英生前深感欣慰，对妻子说："看到孩子们健康成长所取得的成就，经常高兴得从梦中笑醒。"

吴兆英从严教育子女，以情关爱子女，也得到子女的回报。8 个子女及其配偶对吴兆英夫妇都非常孝顺。一听说父母亲生病，子女们都争先恐后赶回家看望、伺候。一知道父母亲遇有难题，子女们都想方设法帮助解决。

吴兆英生病期间，三女吴爱平和三女婿江强长期在老人身边侍奉，特别是三更半夜老人有难忍病痛之际他们夫妇俩都是第一时间在其身边伺候。有次老人痰堵咽喉吐不出来，江强见状毫不犹豫地用自己的嘴把污浊浓痰吮吸出来，使之避免一次憋气休克之险，让老人感动得热泪盈眶。

吴兆英同志于 2004 年 4 月 23 日，走完了人生的最后旅程。人虽远去，对子女而言音容宛在，点点滴滴雨露滋润，化作绵长的思念，伴随一生一世的成长。

吴兆英的儿女们，在 2020 年初春又忙开了。林瑞英年岁高，体弱多病，卧床不起。这会儿，全家老小无微不至地关怀和照顾，续写爱的新篇章。大女儿吴正彩和二女儿吴正荣主动轮流回家，大女儿和大女婿放弃家里一切事情夜以继日地照顾，大儿子吴正秉长期在家伺候和关照。孙女吴珊一直都在身边照顾。孙子吴亮宇放弃加拿大优越的工作条件回来侍奉奶奶长达两年，直到林瑞英去世以后才回加拿大工作。眼看着林瑞英病情日渐好转，但由于年事已高、长期劳累，积劳成疾，希望之火又熄灭了。2020 年 7 月 17 日，林瑞英与世长辞，与丈夫在天堂相聚，相信没有病痛，一切祥和安乐。对于吴兆英的儿女们来说，他们的辛勤付出，只是慈乌反哺，以报答养育之恩。要是吴兆英还健在，看到一大家这么团结、和谐，这么温暖、孝顺，真不知道要高兴成什么样子。但愿吴家善行垂范的美德家风，薪火嬗递，血液奔流，一代一代地传承下去，弘扬光大。

第二十三回　清廉守正　高风亮节

吴兆英同志清廉守正，一身正气，两袖清风，从不伸手向党要官、要名、要利；从不计较个人得失，从 1952 年任副团级职务直至 1987 年离休，35 年副县团级职务纹丝不动；1964 年从部队转业地方本应定级工资 14—16 级，却被定为 17 级，他也不计较。即使因属"城工部"党员和所谓"地主"家庭出身，屡遭不应有的质疑、审查和打击；"三反"运动、"反地方主义"运动遭诬指；"文革"受冲击，他也都无怨无悔。

四女吴爱琼 1974 年 6 月上山下乡，表现突出，1976 年被推荐上大学，因父亲"走资派"问题未通过政审。1977 年 12 月，参加高考，分数达到清华大学录取线，再因父亲还在审查未被录取，她偷偷哭了好几回，又生怕父亲知道听了难受。1978 年再次高考，分数达重点大学却不敢填报，无奈选择政审较宽的冷门专业，录取于福建师范大学地理系。

大女婿施修琳申请入党因受其牵连，政审不合格，考察整整 10 年，最后才得以通过。

面对子女频受牵连，屡遭不公正对待，吴兆英依旧毫无怨言，认为自己亲属的事是小事，人民的事才是真正的大事，把个人的得失恩怨抛诸脑后。

吴兆英不收礼、不受贿，不搞特殊化，不摆官僚主义的臭架子，不作形式主义的假文章。他从不利用手中权力、地位的便利为自己和亲属谋利肥私。一些亲戚朋友想通过他的领导权力、人脉资源关系解决招工、提干、入伍当兵、购买紧俏物资等方面的事情，吴兆英始终坚持原则，一概拒绝，请他们走正常渠道，按规矩去办，循制度去走。亲戚朋友也多有怨言，说不近人情，不懂世故。

1974年春节，大女儿吴正彩的单位派一辆车来平潭采购水产品等年货。吴正彩希望通过县上分管财贸工作领导的父亲批"条子"拿到计划内的平价紧俏鱼货，遭到严厉批评。吴兆英大为光火："你是不是想让我犯错误啊？"吓得吴正彩一行只好到菜市场购买年货去了。

大女儿吴正彩结婚，父亲以工作为重没有请假回来参加婚礼。他托人寄来一封信，说了三点意见：一、同意二人结婚；二、不要拿人家聘礼；三、要节俭，不要大操大办。

吴正彩、吴正荣、吴建春、吴建岚等子女大专院校毕业后分配工作，都是先到乡下和小岛锻炼磨砺，没有一个安排在县城机关单位。

在处理礼品礼物方面，吴兆英对妻子有明确交代："凡是干部和群众送来的东西，不论多少，不论贵贱，一律拒收。亲戚朋友礼尚往来，送来的礼节性东西，能退都要退，实在退不了的，要回礼。"

1989年，平潭城关中学一个学生家长送来一袋花生，说是送给吴正荣校长的一点心意，表示感谢她对孩子的栽培。离休在家的吴兆英当场劝她捎回去："你不应该送，校长也不会收。"二女儿吴正荣下班回家，吴兆英郑重告诫她："我当领导干部几十年，没贪过一分钱，也没占过公家、群众一点便宜。在这点上，你要向我看齐。"父亲的教诲，吴正荣一直铭记在心，担任平潭城关中学校长9年之久，以至后来调到福州市委组织部工作，都恪守自律，廉洁奉公，福州市检察院连续 5 届聘她为"廉政监督员"。

吴兆英同志是中华人民共和国三级解放勋章获得者，是中国共产党优秀党员，是人民的忠实公仆。他在中国人民解放战争、社会主义建设和改革开放中都做出卓越贡献，立下不朽功勋。他的高风亮节，他的英雄事迹，有口皆碑。

人民解放军 28 军 82 师情报科王科长说："平潭人民游击队在大队长吴兆英的领导下，积极配合大军解放平潭，确实起到了向导、翻译、侦察、先锋作用。"他对吴兆英和平潭人民游击队员在执行任务时不怕死，总是想方设法地完成任务的精神，大加称赞，说："平潭人民游击队是一支勇敢的、善于战斗的队伍。吴兆英是平潭人民游击队的卓越指挥员。"

吴兆英原警卫员、正师级离休干部周而福在回忆文章中对吴兆英的为人和事迹有几段客观评述。他写道：

> 吴兆英同志当时是副支队长，我们都亲切地叫他"老唐"，他是优秀的游击队领导人之一。在平潭人民游击队成立之前，他已经在县内外许多地区冒着生命危险与反动势力进行了殊死的较量，给敌人以不同程度的打击。后来他专注于游击队的发展壮大，尤其是在发展一批游击队骨干方面立下了汗马功劳。他和这些游击队员同甘共苦，生死与共，身体力行，打成一片。他把一些苦大仇深、生活贫困的农民、渔民如吴国彩、吴翊成、吴章富等，逐步锻炼成为对党对革命事业忠心耿耿、具有立场坚定、爱憎分明革命品质的坚定共产主义战士。从代表平潭游击队向闽中党组织要求归其领导的生死危险一幕中，足可看到他为革命为保护同志不怕牺牲的革命气节。他的努力，不仅挽救了张纬荣同志的生命，

也挽救了平潭游击队。他对同志的情谊和对革命队伍的忠心，犹如苍松翠柏矗立在狂风暴雨之中。这是一个共产党人应有的高风亮节，我们要广为传颂。

吴兆英同志善于团结尊重领导，无论在平潭、在长乐，还是在解放后，他始终如一。他遇事沉着，处事谨慎，实事求是，不急不躁，是他一贯的作风。特别是在福清菜安与敌军大战中，他一直肩负领导责任，始终站在前线冷静地指挥战斗。这一情景，永远留在我的记忆中。他是享有很高威信的领导人。

吴兆英同志善于做思想工作。有一天，我父亲从平潭来到我的长乐驻地，我问父亲：你来这里做什么？父亲说在家乡有人传说，你被反动派冷枪打死了，说是有个晚上部队集合点名，你个子矮，排在最后，被敌人一枪打中。所以来看看是否还在？如在想带我回去。在场的几位战友听后都哈哈大笑。我坚决不同意回去。这时老唐（吴兆英）对我父亲说："而福跟我在一起，你有什么担心的？待我们打回平潭去，叫他回家看看你们。平潭现在是白色恐怖，乱捕乱杀游击队员，而福跟你回去不是更危险吗？"一席话说得老人家哑口无言，最后还是放心地随船秘密返回平潭。

福建省政协原主席游德馨在参加纪念平潭人民游击支队解放平潭70周年大会上，专门表彰吴兆英的英雄行为。他十分感慨地说：

我要向平潭老游击队员表示衷心的感谢！我听说，当年很不容易，像吴兆英，他派了林斌去跟闽中党组织说，张纬荣是共产党，不是特务。派去的林斌被杀掉。第二次，吴兆英亲自去，这个去就是冒着头要断的危险，像这样的共产党人确实是完完全全没有他个人。到了那里去以后，闽中党组织派人来，把那个左轮枪"啪"一声放在桌上："你知道吗？这个枪是谁的？"吴兆英说："这个枪是林斌的。"他又问吴兆英："林斌怎么样？"吴兆英就讲："他跟我在一起的时候，他是好的共产党员，他离开我以后那我就不知道了。"吴兆英这样答复是最中肯的。是吧，我知道的他是好人，但是他离开我以后，我就不知道，那你怎么杀，我怎么知道？是这样在那里等了两三天，吴兆英对跟他一起去的高名山说："我们要准备被杀头，死就一起死。"这样子的最后结果，来人拿了闽中司令部的一个条子，上面有陈亨源签名。写的是限四月初十（就是5月7日）要拿下平潭国民党的兵，你要灭他一部分，或者是全部。最后吴兆英很高兴地接受这个任务回来，所以才有提前两天解放平潭的这个胜利成果。这是非常感人的啊！

大会结束后，游德馨主席还写一个条幅赠送给吴兆英子女。条幅文为："两袖清风存正气，一腔热血写春秋。"这个条幅正是吴兆英一生的一个侧面写照。

97岁的老游击队员王祥和在他的回忆文章中写道：

吴兆英同志是我的老领导，他无私无畏，人品崇高，具有光明磊落的情怀，临危不惧的素质，力挽狂澜的气魄，卓尔不群的能力。他冒着生命的危险，把所谓城工部事件的坏事变成解放平潭的好事。1982年，他大力支持我和陈茂玉、林光焰合写的《平潭人民游击支队的战斗历程》在《福建党史》第八期上刊出。当时原支队的领导和骨干们在"文革"中绝大部分受到冲击，长期未得解放使用。这篇文章的发表，引起有关领导对原平潭游击队骨干的重视，后来这些老同志都得到解放，恢复名誉。

　　吴兆英同志的一生，是革命的一生，战斗的一生，无私奉献的一生。他为推翻三座大山，投笔从戎，与战友们一道领导平潭地下党人、游击队员谱写了解放平潭的不朽传奇。在这里我们可以看到尽管发生乌云压城城欲摧的"城工部事件"，但是在吴兆英及其英雄群体的身上充分体现了顾全大局、忍辱负重、不屈不挠的精神，率领劲旅以弱胜强，以寡胜众，创造了闽浙赣游击斗争史上的奇迹。风雨如磐的平潭县第一次解放胜利，是在南下解放大军尚未到达福建，平潭人民游击支队仅仅依靠自身的力量，解放一个县，并成立红色政权，这在华东地区乃至全国都是少有的，在福建是绝无仅有。其奋不顾身、赴汤蹈火、破釜沉舟、冲锋陷阵，一往无前的英雄气概惊天地泣鬼神。在大军南下，解放平潭，收复厦门、攻打金门之际，吴兆英积极开展拥军支前工作，成效卓然。新中国成立后，他又风烟辗转，镇反肃特剿匪，保境安民，为人民大众过上一个安详和美日子昼夜奔波。他践行党的宗旨，关心民疾，关爱民众，关切民生，思想上尊重人民，工作上依靠群众，感情上贴近生活，行动上深入基层，永葆公仆本色，做到自重、自省、自励，始终站在时代的前列。人们看到他奔走在渔区、农村，跋涉在工地、码头，始终与人民站在一起，心手相牵，生死依托。吴兆英一以贯之地秉承初心使命，勤政为民，廉洁奉公，并且在家庭教育、家风传承上为如颂如歌，可圈可点。大业弥坚，任重道远；日月有蚀，光辉不泯。吴兆英的高风亮节，吴兆英的英雄事迹，必将流芳百世。

附录一 吴兆英年表

1923 年

10 月 11 日（农历癸亥年九月初二），出生于福建省平潭县伯塘村。

1924 年

10 月 21 日，林瑞英在平潭白胜村出生。

1929 年

9 月，进伯塘私塾斋读书。

1932 年

9 月，进伯塘小学读书。

1939 年

7 月，读至小学 5 年级，日伪军占领平潭，伯塘小学停办，休学在家耕田捕鱼。

9 月，与林瑞英女士结婚。

1940 年

2 月，伯塘小学复办，复学。

10 月，小学毕业。

12 月，当税务征收员。

1943 年

9 月 3 日，长子吴正秉出生。

1945 年

8 月，辞去税务征收员职务。

9 月，考入福州私立协和职业学校高等农科。

1946 年

1 月，参加中共闽江工委曾焕乾领导的"平潭旅外同学奔涛学术研究会"活动。

8 月，休学在家耕田捕鱼。

1947 年

2 月，复读协职学校；由张纬荣、陈孝义介绍入党，任中共闽江学委学运工作员，后任协职学校党支部书记。

3 月，参加闽浙赣区党委城工部领导的福州"三二五"学生反暴运动。

10 月 26 日，长女吴正彩出生。

1948 年

2 月，中共福州市委批准平潭成立 4 个区委。中止学业，回平潭担任中共潭西北区委书记，发展地下党员，建立武工队。

6 月下旬，奉命和高飞一起率 20 名武工队骨干，赴福州北岭，参加五县中心县委主力游击队活动。期间参加五县中心县委军事部长刘文耀组织的 7 次"红色劫案"经济斗争。

9 月，中共五县中心县委魁歧会议决定，成立平潭人民游击队。任游击队副队长。

10 月，看澳村天后宫举行平潭人民游击队成立大会，成立游击队党支部。任党支部副书记。

1949 年

2 月，平潭人民游击队扩编为平潭人民游击支队，任第一副支队长兼副政治主任。游击支队成立了以玉屿村为中心，与看澳、土库等 7 村连片的游击根据地，游击队员发展到 300 多人。

同月，率队袭击苏澳港米船，夺取国民党 300 担粮食。

4 月，携高名山赴闽中游击队司令部驻地梁厝，为平潭地下党、游击队冒死陈情谏净。

5 月 5 日，与高飞、吴秉熙率队攻克县城"中正堂"，解放平潭全境，同月 13 日，闽中支队党委批准成立平潭县人民政府，高飞任县长。

6 月 30 日，奉命同高飞、吴秉熙一起率领平潭人民游击支队主力 150 名转移内陆，参加外线对敌斗争。

7 月 3 日，国民党 73 军等退据平潭。

同月 7 日，指挥平潭人民游击队福清菜安阻击战，击败国民党一个团 1000 多人的进攻，保卫了云中洋革命根据地。

同月 9 日，平潭人民游击支队奉命开往莆田大洋闽中司令部集中，改编为闽中第一团队第三大队，任副大队长。

同月 11 日，闽中第一团队第三大队分为两队，率领其中一队 28 人赴长乐活动，并领导平潭地下斗争。

同月 14 日，平潭游击队与长乐游击队合并组成长乐大队（闽中第一团队第一大队），任副大队长。带领大队追击长乐国民党军队，配合解放军解放长乐。

8 月 16 日，长乐县解放后，带领平潭游击队员 135 人到达福清解放军 28 军军部，担任平潭游击队支前大队长，接受支前任务，征集船只，动员船工，收集情报，充当向导，配合解放军渡海解放平潭作战。

9 月 16 日，平潭再度解放。

10 月，中国人民解放军福建军区第 4 军分区平潭县大队成立，任副大队长，兼任平潭支前指挥部支前大队大队长，带领平潭县支前大队随军参加解放厦门和攻打金门战斗。

1950 年

5 月，任平潭县剿匪委员会（后改称平潭县军政委员会）委员。

1951 年

3 月，任闽侯军分区第六独立营副营长兼参谋长。

7 月 9 日，次女吴正荣出生。

1952 年

6 月，任平潭人民武装部副部长。

1953 年

10 月，在平潭县人民武装部重新入党。

1954 年

2 月 9 日，三女吴爱平出生。

4 月 30 日，被授予中国人民解放军大尉军衔。

1955 年

11 月 26 日，四女吴爱琼出生。

1956 年

6 月，福建城工部事件平反。

10 月，经晋江地委批准恢复原党籍，党龄从 1947 年 2 月算起。

1957 年

6 月 18 日，荣获"中华人民共和国三级解放勋章"。

1960 年

7 月 14 日，次子吴建春出生。

1962 年

8 月，调任闽清县人武部副部长。

12 月 9 日，三子吴建明出生。

1964 年

8 月，转业地方，任中共平潭县委常委、县政府副县长，分管农业、渔业、水利和财贸等工作。

1965 年

7 月 8 日，四子吴建岚出生。

1970 年

12 月，任莆田地区工业品二级站经理，党支部书记。

1973 年

8 月，任中共平潭县委常委、县革命委员会副主任。

1975 年

12 月，任莆田地区盐场党委书记、革命委员会主任。

1981 年

12 月，任莆田地区医药分公司经理、党支部书记。

1987 年

12 月，离休，任平潭县离退休干部党支部书记、平潭县关心下一代委员会顾问。

1998 年

7 月，福建省开展"八闽军民爱英模活动"，为受表彰 54 位突出贡献英模人物之一，荣登 1998 年 7 月 24 日中国国防报"共和国不会忘记"光荣榜。

2004 年

4 月 23 日，因病逝世，享年 82 岁，安葬在出生地伯塘村。

2020 年 7 月 17 日，夫人林瑞英逝世，享年 97 岁，同夫君吴兆英合葬在伯塘村。

附录二　吴兆英自述资料选编

梁厝之行

1949年4月，徐兴祖带1支枪回平潭见高飞和我，说他是奉闽中党之命来抓张纬荣，抓不到活的，死的也可以。说罢将枪放在桌子上。我与高飞两人认为张纬荣一向忠于革命，绝不会是特务，决不能杀他，也不同意把人交出去，交出去等于杀死他。徐兴祖也无意杀张纬荣，但闽中党的命令又不能不执行。因此，我们3人整整研究了一个晚上，最后决定由我去找闽中党负责人之一的陈亨源交涉。由高名山带路，到福清梁厝，通过高名山亲戚梁宝月与闽中党联系。

在梁厝等了二三日，陈志忠代表闽中司令部来接见我们。他态度很不好，说："你们都要死吗？"我回答说："我们认为张纬荣不会是特务，请上级慎重考虑。我们如果是特务，今天也不会上门来找组织反映情况。"我说明不能杀张纬荣的理由。可是他没表态就走了。

我对高名山说："我们来这里，交涉不成就得死。为了表明我们是忠于革命的，绝不允许逃跑。要死，我们一起死。"高名山说："行！"我们又在梁厝等了两三天后，陈志忠又来了。

他一见我，就将一支左轮枪在桌上一拍，问我："你知道这枪是谁的吗？"我认了一会说："这是林斌用过的枪。"他又说："你知道他的下场吗（林斌是找闽中党联系被错杀的）？"

我说："我和林斌一起工作过，没发现他有什么问题。以后不在一起的情况，我不了解，他是他，我们是我们。接着我再次重申平潭人民游击队是忠于党，张纬荣不是特务。杀了张纬荣，引起军心动摇，国民党反动派就会趁机"围剿"，两三百人的队伍就有溃散覆灭的危险，请党组织不要干为亲者痛、仇者快的事。这时梁宝月也在场，他在梁厝德高望重，热心革命，为陈亨源所尊重的人，他也为平潭人民游击队说好话。因为他是高名山亲戚，曾几次来平潭游击根据地串门，亲眼看到游击队活动与训练的情况。随后，我又接着说："为了革命，生死早置之度外，但愿死在与敌人拼搏的战场上，不能不明不白地死在自己人的手里。"

陈志忠听了我的表白之后，从身上拿出一张粗纸片，上面写如下的手令："限四月初十日之内（5月7日）消灭林荫反动武装部分或全部。"末后签"陈亨源"。

看到这张手令，几天来吊在心上的石块落下了，平潭人民游击队有救了，这是一次给我们考验的机会，我们愿意接受这个严峻的考验，虽知任务艰巨，但能与敌人在战场上拼搏，我们万死不辞。因此，我欣然接受这个"军令状"，也可以说是闽中党的最后通牒，回到平潭。

（原载《东岚老战士风采》33—35 页）

菜安阻击战

1949 年 5 月 5 日，平潭游击队攻下平潭县城。13 日正式成立红色政权后，国民党 73 军奉命即将来犯。6 月 25 日接到闽中地委命令，要游击支队部分主力在 6 月底之前撤出平潭，转移到福清、长乐等地开展外线对敌斗争。我们于 6 月 29 日离开县城，集中在小练岛上。30 日乘船从长乐松下登陆，经福清县前林、七社等村开赴闽中游击司令部。队伍经几天行军，途经福清县老区云中洋村时，受到当地地下党同志和群众热情接待。我们在云中洋村作短暂休整，并参加夜间扰敌斗争。驻福清县城的国民党军第 73 军 238 师是新近才到，我们趁其立足未定，以云中洋村为基地组织 3 个分队，由吴秉华、高名山、吴章富 3 位同志各带 30 人向县城西、北一带袭扰敌人。7 月 6 日晚，我游击队 3 个小分队，趁县城守敌看戏之机，进逼北门，爬上凤凰山，向县城敌人打冷枪。县城敌人发现情况乱成一片，整夜不停地打枪。当晚，高名山、吴章富两分队在完成任务后，进驻菜安村过夜。盘踞福清县城敌人遭到我游击队的袭击，寝寐不安。为了稳定军心，派遣整编团 1000 多人，向我老区云中洋村扫荡，企图解除他们心腹之患。

从福清县城到云中洋村，有三条路可通。一条从苍霞口经龙溪上天吊岭，一条要绕道四五十华里经波兰或瑁口从野竹弄进去；再一条是从菜安经南楼到达云中洋。天吊岭山高路险，有一人当关，万夫莫敌之险。这一条敌人是不敢走的。绕道瑁口，路途太远，当时交通不便，也不可能从此路进攻。何况这条路中间还横隔一座高山。唯一便捷之路，是从菜安进攻。菜安离福清县近 10 公里，他们若拿下菜安，可凭借菜安有利地形，夺取南楼，南楼一失，云中洋就无险可守了。因之敌军于 7 月 7 日清晨，1000 多人全副美式装备的队伍，就选菜安村这条路线，进攻云中洋我游击根据地。敌军前哨在接近菜安村时，发现山上有我们岗哨，就向我岗哨开枪射击，并凭借他们人多武器好，对我们采取扇形包抄。驻菜安的游击分队，听到枪声，以极快速度占据了 4 个山头，借有利地形迎击敌人。游击支队领导在 6 日夜因县城枪声不停，一夜没睡。为防止敌人扫荡老根据地云中洋村，决定由吴秉熙同志带领 40 多名游击队到天吊岭防守。7 日凌晨，得悉敌人从菜安方向向我进攻，即由我带领 17 人赶赴菜安增援，阻击敌人。时天刚亮，正在战斗的队员看支援队伍赶到，个个斗志倍增。面对十多倍于我而且装备优良的强敌，我决定把队伍分为 3—5 人为单位的战斗小组，分别抢占各个山头高地，虚张声势迷惑敌人，使其分散兵力。这样大大发挥了战斗小组的作用，有力地打击敌人。每次敌人向我阵地冲锋时，战斗小组待敌进入我有效射程内，以手榴弹和排枪以及轻重机枪予以迎头痛击，把敌人打得晕头转向，溃败而逃。特别是我轻重机枪，在战斗中发挥了很大作用。九四式重机枪手高兆福同志，打得既准又猛。配合各个山头，连续击退敌人进攻。轻机枪手陈灿瑞同志，每在战斗紧要时刻，总是将六五式轻机枪端在手上扫射，予敌重创。

在敌人企图抢占我各个山头未得逞之际，发现我轻重机枪阵地。又组织兵力，集中重武器火力，向我机枪阵地猛扑，战斗在激烈地进行。为了保护重机枪转移到另一阵地，我立即组织 10 多个精干队员居高临下，连续打退爬近我阵地前的敌人。终于将重机枪转到另一个有利地形的山头，继续打击敌人，在掩护重机枪转移时，队员吴翊耀，不幸头部中弹牺牲。各个山头的同志，也个个英勇顽强，粉碎了敌人又一次的进攻。我们 77 个人，面对 1000 多个顽敌，从早晨天未亮，持续战斗到下午 4 时，队员们越打越勇，个个发挥作用，打得敌人死伤百余人，无法前进一步。这时，吴秉熙所带的队伍，从天吊岭赶来增援。趁敌人疲乏之际，我们发起全面反攻。在游击队员勇猛的冲击下，敌人溃不成军，败逃回城。敌人败逃时，到处丢下群众家中抢来的家禽牲口、衣服被毡以及门板等。我们组织群众沿途搜集，归还原主。这次战斗是一场较激烈，时间持续较长的阻击战。战斗打响后，老区群众家家赶蒸馒头，赶烧茶水，冒着流弹纷飞的危险，不停地送到阵地，支援游击队。而敌人却整天喝不到水，吃不到饭，得不到人民半点支持。这一仗打得敌人死伤惨重，心惊胆寒，从此，缩在县城再也不敢出来"扫荡"。

在这次战斗中，我游击队牺牲吴翊耀、吴咸用两位队员，高哲载和任祥两人在战斗中负伤。战斗结束后，队伍开向闽中游击司令部，接受新的战斗任务。

（原载《东岚老战士风采》43—47 页）

我参加平息大刀会暴动

平潭解放后不久，我担任县大队副大队长兼平潭县支前大队大队长。

平潭县支前大队，由平潭 700 多名船工和渔民组成，分为 4 个中队。大队部设在闽侯县尚干镇。1950 年 2 月中旬，我回平潭探望支前船工。我的弟弟兆莹从老家伯塘跑来县城，要我回家过年，我认为就在县城和两位随行的解放军战士一起过年更有意义，所以没有回家。第二天正月初一（1950 年 2 月 17 日）遇到大刀会暴动，我带兵参加了平息大刀会暴动的战斗，度过一个最难忘的春节。

大刀会有它的背景。1949 年国民党政权面临全面崩溃，为了挽回残局，撤销了曾一度取缔大刀会的命令。于是福建省军统特务王调勋趁机秘密指令发展大刀会会徒，作为反革命武装的后备力量。

1949 年 4 月，国民党反动派部署"应变"计划，平潭的军统特务林荫、林超凡积极响应。这时，平潭的吴国柏等 10 人为大刀会骨干，结盟为十兄弟，分头负责在平潭各乡发展大刀会会徒。

同年 7 月，福建大刀会头子到平潭召开"应变"会议，国民党军第 73 军军长李天霞、平潭大刀头子林超凡也参加会议。会议决策：发展会徒，选拔骨干，请崳山大刀会法师 40 名来平潭教习。到了 8 月中旬，福州解放，原国民党上海警备司令汤恩伯、原国民党兵团司令李延年逃来平潭，派遣"敌后司令官"林长镛到梧凤楼村，召集大刀会头目林超凡、吴文波、林修恒等开"应变"会议，决定正式成立"总司令部"，司令林超凡，"总监"吴文波，"外交"吴国柏，下设指挥部，正副指挥为林修恒、林厚斌。大刀会转入秘密活动，图谋伺机行动。

平潭解放后，潜往马祖岛的国民党特务与平潭县大刀会头目来往频繁，林荫是平潭大刀会暴动的幕后策划者，马祖特务机关原决定在 1950 年农历元宵节在福建某些地区同时举行大刀会暴动，平潭因故提前半个月于春节暴动。

大刀会暴动前，县委和县公安局已有察觉，并作了周密部署。但解放军都是外地人，不知平潭地方习俗。大刀会伪装向驻军拜年涌向驻地，造成驻地哨兵被杀，驻军当即进行反击。当天平息暴动，解放军牺牲 15 人，受伤 34 人。大刀会会徒 1108 人（有的没有参加暴动，有的中途逃回）。当场被击毙 76 人；击伤 47 人，俘虏 200 多人。

我参加平息大刀会暴动时战斗已接近尾声。

春节凌晨 4 时许，天还没亮，从街头传来几阵激烈的枪声，听起来好像是居民放鞭炮，我不放心，打开窗户向外观察，看见有好几个头包黑布穿黑布衫的人，在大礼堂门口跑来跑去，我感到情况异常，顾不上吃早饭，便持枪出门准备和县大队了解情况，到街上遇到县大队几个士兵，一问才知道是大刀会暴动。这时公安队的一个班正与向公安局包围的 100 多暴徒遭遇，当时开枪击毙击伤暴徒 10 余人，正当公安队员的子弹快打光了，暴徒借人多势众向公安队员包围时，我率领的一队战士赶来增援，补充了弹药，我方力量增强了，暴徒见势不妙，立即溃退。接着我带领县大队的七八个战士迅速占据北门山坡上的一个枪楼，利用岩石和土墩掩护，投入战斗，敌人闻风丧胆般逃走，我们直追到石鼓头村，没有抓到暴徒。

我立即赶回县委会，向县委书记韩陵甫汇报情况，并提出组织兵力向大刀会据点跟踪追击和封锁港口，不让大刀会骨干下海逃亡的建议，韩书记认真听取了我的意见。

大刀会暴动迅速平息之后，县委采取了"首恶必办，胁从不问，受蒙蔽无罪"的政策，妥善地处理了善后问题。县公安局决定逮捕大刀会暴动头目吴国柏等，可是他行踪诡秘，军警人员费了不少精力，查不到他的下落。1950年3月，县委书记韩陵甫要我完成抓捕吴国柏任务，说："你是平潭人，熟悉本地情况，要通过各种关系，了解吴国柏的去向，把他抓起来，可以进一步弄清平潭大刀会的组织情况和活动情况。"我表示坚决执行县委的指示。

不久，我打听到吴国柏走投无路，潜回家中，我派人去动员他自首，可是他的妻子不敢吐露真情，说他没回家。

过几天，吴国柏悄悄托人告诉我，要求和我会一面。我经请示韩陵甫同意，带领县大队士兵10名，在一个居民家里与吴国柏会面。我开门见山地说："平潭大刀会暴动残杀人民解放军，目的是破坏人民政权，是反革命行为，你必须把所知道的大刀会组织情况和活动情况以及你自己的问题，如实向政府坦白交待，争取宽大处理。"可是他还是不讲实话，妄图利用乡亲关系，能保护他蒙混过关。没想到我板起脸孔命令随行的士兵把他绑起来，交给县公安局审理，完成了县委交给我的任务。

吴国柏罪大恶极，于 1950 年 9 月 28 日被县人民法庭判处死刑，执行枪决。

（原载《东岚老战士风采》95—98 页）

屿头剿匪纪事

1950 年 10 月间，屿头岛有两个渔民向县大队部报告：屿头岛海匪头目陈徽枝煽动本岛 40 多个渔民下海为匪，最近经常开一艘小轮船，出没于屿头和苦屿之间的海面，抢劫南来北往的商船。

当时我是县大队副大队长，听到报告后立即和大队长林学德一起向县委书记韩陵甫汇报。韩当场布置剿匪任务，要求县大队立即派一支精悍人员进驻屿头岛，既是战斗队，又是工作队。因为渔民下海为匪，带有群众性特点，所以首先要做好群众工作，宣传党的政策，做到分化瓦解，区别对待，解除群众疑虑，依靠群众做好剿匪工作。

县大队接受任务之后，决定由我带队到屿头。我抽选第一连一排的 20 多名战士，每人各带步枪一支，短枪一支，配备两挺轻机枪。我带领连指导员王裕春、排长高宗生和 20 多名战士，乘县大队的一艘大帆船前往屿头岛。

队伍驻在田下村，田下曾是老苏区，又是老游击区，群众基础好，我先找张奇民等基本群众了解到情况：陈徽枝是个 30 多岁的人，亦渔亦商，常往浙江运回大米、木柴、木材、水产品做买卖。解放后下海为匪，抢劫一艘小轮船，拉本岛一伙人，在附近海上截劫往来商船。有些渔民分赃获利，尝到甜头，被骗入伙；有的渔民怕不去当海匪，家庭会被抢劫，反而招来灾祸，纯属被迫加入。

队伍进驻屿头岛时，陈徽枝已把匪船开往白犬岛国民党军队的驻地去，留在屿头岛上的一些土匪都躲起来不敢出头露面。解放初，群众不大了解政府的政策，顾虑重重；特别是土匪的亲属怕受累，提心吊胆。工作队按照县委的指示，不急于抓土匪，先做好宣传工作，接连两次分村召开群众会，说明解放军进岛是为了彻底消灭土匪，保护人民的生命财产，军民要共同努力把剿匪工作做好。我们召开几次海匪亲属座谈会，反复讲明政府政策："首恶必办、胁从不问；坦白从宽、抗拒从严"，动员他们叫当过土匪的亲人出来自首，把自己的问题说清楚，改邪归正，不咎既往。深入细致地做好群众工作，见效很快，3 天之后就有 10 多个土匪向我们自首。但也有个别土匪很顽固，如万叟村有个海匪头目陈一咪，拒不自首，影响我们的剿匪工作。工作队采取硬措施，派几名战士把他抓到田下村关起来，可是没有看管好，晚上被偷跑了。根据群众举报，他躲在附近的东珠村里。我和连指导员王裕春、排长高宗生一起，带 20 多个武装人员，深夜包围了东珠村，来一个突然袭击，逐户进行搜查。在一户渔民家里，我推门进房，发觉门后有软软的东西顶着，用手电筒一照，是一个人躲在门后，一问，原来他就是陈一咪。我们把他绑起来，抓到田下村连夜审问。陈一咪交待家中有一把曲九短枪。我就派几名战士押他回家，把枪交出来，第二天就把他押交县公安局进一步审查法办。

工作队驻在屿头岛 18 天，由于认真宣传政策，深入发动群众、全岛有 43 名海匪向工作队自首，并写了悔过书，捺下手印，保证今后不再为匪。工作队经过认真研究，认为这些海匪本是渔民群众，多属受骗或被迫初犯，罪恶不大，决定全部释放回家，体现"胁从不问"、"坦白从宽"的政策，得到群众的拥护，顺利完成了剿匪任务。

屿头岛剿匪结束后，工作队撤回县城，我向韩陵甫书记汇报情况，他说："你们县大队这次到屿头剿匪，宣传政策和发动群众都做得不错，工作有成效。"

匪首陈徽枝逃到白犬岛，不久，他在白犬岛截劫解放军的运粮船，被当场击毙。

（原载《东岚老战士风采》103—105 页）

附录三　平潭两次武装解放的支前工作

周裕惠

1949年5月至9月，地处闽海战略要冲的平潭岛曾两次武装解放，成为福建解放战争史上精彩的一章。

平潭岛的第一次武装解放是1949年5月，中共平潭地下党及其领导的游击队，奇袭平潭国民党主力部队驻地，以弱胜强，胜利夺取县城，并打退敌人的疯狂反扑，书写了闽浙赣游击斗争史上浓墨重彩的一笔。平潭岛第二次武装解放是同年9月，中国人民解放军第28军用民船渡海，取得了解放平潭的完全胜利。平潭岛的两次武装解放，是我党我军正确决策指挥、周密组织实施，我武装队伍指战员英勇善战、敢打敢拼的结果，也是平潭、福清两地党组织、游击队及沿海人民奋力支前保障的结果。

"战争的伟力存在于民众之中。"2022年8月，习近平总书记在考察辽沈战役纪念馆时曾感慨地说："淮海战役的胜利，是老百姓用小车推出来的；渡江战役的胜利，是老百姓用小船划出来的；辽沈战役的胜利，是东北人民全力支援拼出来的。""我们的胜利是千千万万的人牺牲换来的，这里面更多的是靠老百姓啊！"总结和思考平潭两次武装解放的历史经验表明：平潭、福清等沿海人民奋力支前，平潭地方党组织及其所领导的游击队在支前中的出色工作，是平潭赢得武装解放的最重要保障。

一

1949 年 5 月 6 日，中共闽浙赣区（省）委城工部福长平工委及其所领导的平潭人民游击支队在"城工部事件"后，接受了"限期解放平潭"的指令，由其领导人高飞、吴兆英、吴秉熙等带领 100 多名游击队员，配备 50 多支步枪、1 挺轻机枪、10 多支短枪，每人一把大刀，在武装力量、武器装备悬殊的条件下，巧妙突袭了国民党主力部队驻地中正堂。经过一个多小时的激烈战斗，以一死三伤的代价，在县自卫队地下党员内线的配合下，俘敌 200 余人，缴获步枪 200 多支、机枪 11 挺、手榴弹 5000 多枚、子弹 5 万多发，并逼降县警察局与县政府，解放了平潭县城。上午 11 时，国民党自卫队 400 多人疯狂反扑，被游击队击溃。之后，经上级党委批准，平潭县人民政府成立。

1949 年 7 月，在福州战役前夕，国民党 73 军（含 74 军残部）的两个师近万人退踞平潭，妄图负隅踞守。9 月 12 日至 17 日，人民解放军第 28 军以 82、84 师主力及 83 师 247 团、军部炮兵团等近 3 万兵力，分两个梯队、三路武装渡海解放平潭岛。经过 6 天战斗，以伤亡 161 人、失踪 13 人的代价，歼敌 8132 人。其中毙伤 125 人，俘敌 7734 人，敌投诚 273 人。缴获各种武器 2781 件，击毁敌汽船 3 艘，小炮艇 1 艘，取得我军首次渡海作战的完全胜利。

参加平潭渡海作战、时任 245 团团长柴裕兴，在《纪念平潭岛解放纪实》中说："30 年前人民支援子弟兵的一件件往事，使我们永远难忘！"他说："福清沿海和平潭岛人民有船借船、有粮借粮、有草借草，有的群众还将煮好的地瓜饭送给部队吃。有的群众为我们当向导，当船工，为伤病员抬担架，有的给部队送情报……人民群众的支前，是战胜台风暴雨、渡海作战取得全胜的重要保证。"

二

"革命老区是人民军队的根。"平潭人民游击支队的前身，是1947年1月由中共平潭工委书记吴秉瑜在家乡玉屿村建立的，计有1个大队、3个中队，总人数60多人。吴秉瑜兼任政委，玉屿地区党支部书记吴聿静任大队长，吴聿杰、吴吉祥任副大队长。这支游击队是为组织平潭武装暴动而建立的。在老区革命群众支援下，购置有步枪10多支、机枪1挺、冲锋枪1支、短枪2把，以及本村村民、游击队员自购的步枪、短枪各10多支。此外，还依靠能工巧匠土制了一批手榴弹、地雷等。这支武装队伍在平潭暴动流产后，在老区人民的掩护下，在据点潜伏保留了下来。

1948年2月，平潭地下党组织领导人高飞、吴兆英及吴秉熙、吴聿静等，在玉屿、看澳、土库、伯塘、江楼等村建立武工队，开辟游击区。1948年9月，中共闽（清）古（田）林（森）罗（源）连（江）中心县委决定：以平潭武工队为基础，组建平潭人民游击队，张纬荣任政委，高飞、吴兆英任正副队长，以玉屿为中心的10多个村建立游击区。10月，游击队正式扩编为"平潭人民游击支队"，队伍扩充到300多人。

为解决游击支队武器不足的问题，1949年3月下旬，游击支队派阮邦恩、吴章灼到大富老区据点，要求提供武器装备支持。时国民党自卫队也来大富收缴民枪，并宣令："谁敢把枪支交缴游击队，就以通匪罪，格杀勿论！"大富地区党支部欧秉发、徐凤祥、魏思达等顶住恐吓，召开会议布置收枪任务，与自卫队抢时间，分工负责，限期完成。经过几天的工作，有10余商船户交缴长短枪25支，冲锋枪1支，子弹百余发。由党员高桂春安排并由进步渔民高阿云等专门驾船，秘密送往玉屿游击据点。这批武器有效地支持了平潭游击支队第一次武装解放平潭的战斗。

值得指出的是：5月6日平潭人民游击支队攻占平潭县城后，当天上午11时，国民党平潭当局林荫率武器精良的自卫队400多人，疯狂向县城反扑。双方酣战胶着之际，留守玉屿、屿头老区据点的后备队250多名队员，由吴聿静、高名庄带领，分乘17条民船，按时赶赴县城增援。这批后援队拿起刚收缴的武器投入阻击战斗，使得一时战场力量对比发生重大变化，游击队声势大振。经过4个多小时的阻击战，国民党自卫队军心动摇，向北溃逃到潭西老巢，平潭第一次武装解放。

三

"攻打平潭是我军首次渡海登陆作战，当时是临时筹集民船作为海上运输工具，又遇到8级大风，困难的确不少。"时任中国人民解放军第28军军长朱绍清说。在破解这些渡海作战难题中，平潭地下党组织及所领导的游击队，平潭、福清等沿海人民作出了不可或缺的贡献。

一是渡海作战最紧迫与困难的任务是：在短时内征集到足够数量的渡海作战所需民船、船工，同时要对第一次参与渡海作战的部队官兵进行必不可少的渡海作战训练。8月下旬，解放军第28军在福清召开作战会议，传达十兵团攻打平潭岛的指示。各项渡海作战准备只有半个多月时间。在有限时间内，部队2个梯队、7个团要实施渡海作战，需要筹集庞大数量的民船、船工，开展部队临战训练、海上救护等，战备任务十分紧迫与繁重。

时28军首长、闽中游击司令部指示平潭、福清地方党组织及游击队，全力承担渡海支前工作任务。福清地方党政组织动员了万名民工，突击抢修融城至大真的40公里公路路面。从8月下旬至9月中旬，每天组织二三百名民工运粮挑粮，在东瀚、高山、文林等沿海乡镇动员华侨户捐献木棉做救生圈，向群众借门板、木料做渡海用具。

时任长乐游击大队副大队长吴兆英，会同徐兴祖、林中长奉命率平潭县一个中队130多名游击队员，到28军军部报到，接受渡海作战支前任务。8月下旬，吴兆英在福清可门召开支援第28军渡海解放平潭作战大会，从北起长乐，南至福清可门、大丘建立了支前与船管组织。

　　　　支前大队总领队：吴兆英

　　　　北、中线支前大队：

　　　　　　政委张纬荣

　　　　　　副政委陈孝义

　　　　　　大队长吴聿静

　　　　　　副大队长吴祖芳

　　　　南线支前大队：

　　　　　　政委林中长

　　　　　　副政委高名师

　　　　　　大队长徐兴祖

　　　　　　副大队长林奇峰

　　经过支前领导机构与渡海部队的协同努力，短短十几天内，在福清、平潭、长乐沿海征集到渔、商船 315 艘（其中平潭商渔船 200 多艘），船员 1600 多名。在一线支前船工中建立了船管大队。大队长徐兴祖及张超等人，还在长乐壶井动员亲友带头，征集大富地区商船 20 多艘参加渡海支前。征集船只每条船都编号、定员，由解放军指战员、游击队员、船工"三结合"配搭。同时组织人员突击开展游泳、驾驶、登船、船上射击等渡海作战训练，每天训练 12 小时以上。白天为避开敌机轰炸、扫射，训练就改在夜间进行，经过突击渡海训练，许多生长在北方未见过海的指战员，能在船上站稳，学会在船上进行射击，基本上不晕船，学会了游泳、初步驾船、落水急救等技术，为渡海登陆作战创造了条件。

　　二是为部队武装渡海登陆作战，及时搜集、提供大批量平潭守敌的军事情报支持。国民党 73 军退踞平潭，平潭游击队主力转移到内地开展游击斗争后，仍有 300 多名游击队员潜伏在老区据点，继续开展革命活动。徐兴祖、王祥和、欧秉发、高名峰等一批武装游击队领导骨干与队员，潜伏在山边、大富、芬尾、流水、玉屿等地区，不间断搜集敌军军事情报。他们冲破敌人的严密海上封锁，从偏僻澳口往来，往返于平潭与长乐的游击据点，搜集敌军布防、碉堡、重点火力点、装备变化等情报。在渡海解放平潭岛战役前夕，平潭游击支队及支前指挥部还按照部队首长的要求，派游击队员王昌镐、高纯立潜回平潭，搜集国民党 73 军情报。王昌镐返回后，会同高纯立、高名庄、高名华、林武彩等人，智擒 73 军情报人员，获得平潭国民党守军大量军力部署、工事、碉堡、火力配备等重要军事情报，受到第 28 军 82 师的嘉奖表扬。

　　三是平潭籍游击队员在渡海作战中，既当向导又参战，同时还承担船工的安全与思想政治工作，发挥了特殊作用。游击队员利用熟悉海况、航道情况及便于与船工沟通的优长，在支前指挥部的统一安排下，分配至各团、营、连战斗单位，混编下船，承担向导又参战，协助驾船及安全保障工作。游击队员吴家瑜、吴翊义、高名胜、高名标、吴秉华在北线先头部队当领航员。南线大队张超、吴国共、陈荣森、连已兴、李登秋、吴祯盛、李云昌、刘益泉、周福、陈名团等到第一梯队当向导且参战。游击队员吴家瑜领航 8 条渔船，运送 247 团二营登陆小练岛。北、中线大队长吴聿静率领向导船，运送三营后续官兵登陆小练岛，全歼守敌一个连队 80 多人，取得开战后的第一次胜利。北、中线副大队长吴祖芳亲自驾驶指挥船，运送 247 团八连指挥员，冒着 8 级台风，冲破守敌的火力封锁，率先登上大练岛滩头，聚歼岛上守敌，取得大练岛战斗的胜利。

在渡海解放平潭岛战役中，船员中有 2 名舵手牺牲，4 人受伤。舵手欧吓辉驾驶的商船在东庠南澳抛锚时，被潜逃的国民党 73 军劫持，逼其开往台湾、在胁逼无奈之下，欧吓辉示意 6 名船员做好逃生准备，后借狂风让船瞬间倾覆，200 多名敌军全部掉进海涛之中。除 70 多人浮游上岸被俘外，其他敌军沉入海底，一命呜呼！欧吓辉因重伤被巨浪吞没，献出 50 岁的生命。新中国成立后，他被追认为革命烈士。大富山边村商船舵手徐银俤，驾驶自己的商船运送解放军渡海，左臂被敌人子弹射伤，仍带伤运送解放军战士至登陆地点。

在这次渡海登陆作战中，由于指战员、游击队员对船员的安全保障与思想政治工作及时有效，在整个渡海登陆作战中，没有发生船工临危脱逃现象。

（原载《福建党史月刊》2023 年第 6 期，作者系福建省发改委退休干部、研究员）

参考资料

1. 平潭县 1952 年前参加中国人民解放军老战士联谊会编纂委员会编：《东岚老战士风采》，2004 年 7 月

2. 平潭县纪念平潭人民游击支队解放平潭 55 周年筹备工作委员会编：《峥嵘岁月——平潭人民游击支队战斗历程》，2004 年 4 月

3. 中共平潭县委党史研究室编，何可澎主编：《平潭革命史》，1995 年 12 月

4. 池传錞主编：《中共闽浙赣区（省）委城工部组织史概要》，福建人民出版社，2008 年 4 月第 2 版

5. 吴兆英：《自传》，1963 年

6. 吴兆英：《忆平潭的解放》，1974 年 5 月

7. 吴正秉、吴正彩等：《我们心中的父亲》，2020 年

8. 赖民：《忠魂耿照——吴兆英的人生岁月》，2022 年

9. 王祥和：《忆吴兆英同志生前几件事》，2019 年 12 月

10. 刘益泉：《回忆吴兆英同志在县里工作》，2019 年 12 月

11. 余乃枨：《吴兆英任县委常委分管的事》，2019 年 12 月

12. 周裕惠：《解放初期平潭军民平暴剿匪斗争及经验总结》，《平潭时报》，2021 年 10 月 28 日

闪烁在儿女心中的星辰

2004 年 4 月 23 日，一个刻骨铭心的日子，父亲他耗尽生命的最后一息，离开我们走了。八十二载的人生旅途，从此画上了句号，留给我们是无穷无尽的哀挽与思念。虽说生死寻常事，但父亲的突然离去，如晴天霹雳，是无论如何都难以接受的。今天，在他逝世 19 年后的日子里，重温父亲他奋斗的人生，辨识他留下的履痕，感知他曾经的教诲，我们心中总是波涛翻滚、欲止不能。

曾经的岁月，总会在记忆中不断地淡化、模糊，然而，父亲他魁梧的身影、温馨的话语、春天般的真情，依旧那样的清晰、动人。父亲是儿女们心宇中永远闪烁的星辰，一颗耀眼的星辰！

既然入了党，来不得半心半意

在儿女们面前，父亲他很少谈及自己的青少年时的故事。父亲出生于 1923 年 10 月 11 日，在伯塘这个美丽的渔村，度过快乐的童年。青年时代，父亲便赴福州求学，在私立协和农业职业学校就读期间，正逢日寇加紧侵华步伐，而国民政府却一味地实施媚日反共的政策。他面对国势蜩螗、民不聊生的惨状，在激起满腔悲愤的同时，接受了革命真理的熏陶，于 1947 年 2 月，加入了中国共产党，随后就任该校党支部书记。1948 年 1 月，为响应中共闽浙赣省委"走出学校开展游击战争，开辟第二战场"的号召，父亲他毅然放弃学业，奉命返岚组建武装队伍，任潭北区委书记。

此后，平潭游击斗争如火如荼地开展起来，并不断取得辉煌的战果，这本传记中都有详尽的记述，无须重复。然而，作为共产党员，平潭游击队的创建人之一，有几件事值得回顾，值得重提。

那年月，腥风血雨，艰难险阻。为巩固革命根据地，需要不断壮大队伍，需要购置枪支弹药，需要活动经费，所有这些，倘若没有一定的物质支撑，便成了空谈。父亲他毅然变卖了家里的财物、田园和盐坎；为解决粮食困难，他带了几位队员，到家挑走家里的口粮。母亲虽为农村妇女，没读过书，但深明大义，支持父亲"干大事"，为支持游击队，始终是心甘情愿、毫不吝惜。不难想象，如果没有所有革命骨干和游击队领导们的倾情奉献，游击队是很难度过极为艰困的烽火岁月。

"城工部事件"发生后，父亲挺身而出，愿意前往梁厝，说服上级党组织，保护革命战友，这对于平潭游击支队的生存与发展至关重要。

临行前，父亲他与母亲有过郑重的告别。梁厝之行，充满变数，能否安全返回平潭都难以预测。父亲他将此行的目的与风险告知了母亲，好让母亲她有个思想准备。母亲她通情明理，答应父亲的要求，一定照顾好家人，不必牵挂。

"梁厝之行"，父亲以生命为注，为平潭游击支队博出一线生机，也由此演出了游击支队攻打"中正堂"，解放县城与建立红色政权的大戏。游击英雄们拼杀沙场的英勇表现，证明了自己，接受了考验，同时也创造了历史。在游击支队战略转移后，父亲他出色地指挥福清莱安山阻击战，保卫了云中洋革命根据地。为配合解放大军，转战于福清、永泰、长乐等地，为剿灭残匪、支前杀敌做过卓有成效的工作。鉴于父亲在解放战争中多次立功，1957 年 6 月 18 日被授予"中华人民共和国三级解放勋章"，游击支队中获此殊荣的仅有父亲一人。

常言道，荣誉的桂冠，都是用荆棘编织而成的。没有经历过烽火年月的血雨腥风，是感受不了得来荣誉的那种复杂的心情。父亲他十分珍惜那枚勋章，始终认为那是全体游击英雄们的共同的荣光，自己不过是尽了一份革命军人的责任而已，而所有的一切，是党的教育、培育的结果。他曾经语重心长地对我们说过，要努力上进，人生起步就应该走在正道上。当我们 8 个兄弟姐妹都成为共产党员后，他欣慰之余，又郑重地说道，"既然入了党，来不得半心半意；为党奋斗终生，就应该做到完全彻底。"父亲的心愿成为我们前进的动力，我们没让父亲失望过。

父亲他一生执着于党的事业，直至生命濒危之际，仍然没有忘记自己的"身份"。2004 年 4 月 20 日，病危中的父亲已处于昏睡迷糊状态。邻里乡亲和族内亲戚也纷纷前来看望，那天，信奉基督教的亲戚还在他床前虔诚地祈祷着。当他清醒过来时，轻轻地说了一句："我是共产党员……"是的，有着 57 年党龄的他，一天也没有离开过党，尽管因"城工部事件"与"地主"的家庭出身，屡遭排挤打击、质疑审查，但他初心不改，信念未变，直至人生旅程即将结束，可以说，片刻也没有忘掉自己是忠心耿耿、堂堂正正的共产党人。

当了公务员，就别去想清闲度日

"凿井当及泉，张帆当济川"，这是唐代著名诗人李白的诗句，本意是办任何事，都必须追求完美、达到目的。今天，当我们回顾父亲他的从政经历时，套用李白这两句话，倒也十分贴切。

父亲他于1964年转业，至1987年12月离休，在地方工作了23年，其间，在莆田地区15年，在平潭8年，分管工作主要是农渔水利和财贸等。遗憾的是，当时我们年纪尚小，也不懂得政府工作的纷繁复杂，很少去关心、过问父亲在忙些什么。那时候留给我们最深印象是父亲整日忙于工作，早出晚归，身上衣服总是脏兮兮的。每当回到家里，母亲要做的第一件事，就是让他马上换上干净的衣服。父亲没有节假日，一年365天，天天都是工作日。即便到了家家喜庆的春节，他也是去值班或看文件，或找人谈工作。常常有干部或群众登门求见，家里的饭厅成了办公室。每当父亲因工作忙而屡屡忘了陪伴孩子们玩耍的时候，我们难免噘起小嘴而埋怨着，但父亲他会说："忙过这阵子，一定陪孩子们玩个痛快！"

父亲心里十分清楚：平潭是个经济欠发达的穷县，要想尽快地让平潭甩掉穷县的帽子，身为公务人员必须把弦绷得紧紧的。曾听父亲说过，政府公务员，不能当官做老爷，别想着清闲度日。他用自己的行动，践行着自己的诺言。由于对平潭县情、民情比较了解，在县委、县政府主要领导做重大决策时，经常倚重父亲的意见。当年，平潭实施的几项大的建设工程，如开发竹屿口海滩地、三十六脚湖引水改造盐碱地、建设火烧港盐场、修建县自来水厂、修建县体育场等，父亲他身居一线，参与过决策，忙碌于现场，付出过心血，也收获着喜悦。曾记得，20世纪90年代初，有人主张将县体育场"改造"为商贸住宅区，出让给开发商。父亲时任离休干部党支部书记，没有参与决策过程，但一听说这一"改造"方案，当即坚决反对，亲自带上部分退离休干部向县领导陈情，终于县体育场得以保存。事关人民群众切身利益，父亲一点也不含糊。

平潭是自然灾害偏多的岛县，特别是夏秋两季，强台风为害尤烈。父亲晚年时多次提到，在县政府工作期间，最忧心的事就是台风来袭。特别是台风正面袭击时，农田受淹，庄稼多损，水利设施和渔船渔具损坏，加上房倒屋塌、人员伤亡等等，更增加了抗风减灾的工作难度。父亲常说，保护人民群众生命财产安全，领导的责任大于天，疏忽不得。因此，每逢台风来袭，他总是亲赴重点乡镇、重点单位，检查各项预防措施的落实，亲自值班，指挥抢险；台风一过后，及时排险救灾，恢复农渔业生产。那时节，父亲他忙忙碌碌，风里来雨里去，有时连饭都顾不得吃，累得病倒了，仍然记挂着县里的工作。2004年3月初，父亲病重在床，每当有干部前来探望，总要询问一些有关县里的情况，特别是听到省领导来岚召开海峡大桥筹建工作的专题会议，兴奋不已，不断地念叨着：平潭的发展有希望、有前途……遗憾的是，为之心心念念的大桥建成，他没能跟我们一起见证那车流畅行的喜庆时刻。

"从政不能偷闲，为官不得营私"，这是常挂在父亲口中的两句话。他一生克己奉公，非常鄙视贪腐、谋私行为。尽管官场存在拉关系、"走后门"、优亲厚友种种不良现象，但父亲始终认为权力是人民给的，以权谋私是对人民的背叛。一些亲戚朋友想通过父亲的关系解决招生、招干、入伍当兵等问题，父亲一概拒绝，劝说求情者走正常渠道，按规定去办。也许就因为如此，亲戚朋友多有怨言。至于登门求助者送来的礼品，父亲对母亲也有过明确交待：不论是谁，不论多少，不论贵贱，一概拒收。能退则退，实在退不了，要立即回礼，而且回礼要比送的多一些、重一些。记得父亲还为此郑重地告诫过我们："我当领导干部几十年，没贪过一分钱，也没占过群众一点便宜，你们要向我学习！"言之凿凿，掷地有声。

家教缺失，孩子肯定长不大

家是人生最温馨的港湾，是孩子们健康成长的重要摇篮。父母生育了我们8个兄弟姐妹，含辛茹苦地养育我们成人，呕心沥血培育我们成长、进步。家的温馨、父母的关爱，我们体味尤深；而良好的家庭教育，点点滴滴，历历在目，更是刻骨铭心。

从开始懂事起，父亲就像一位严厉的教师，要求我们要听大人的话，做一个好孩子。讲礼貌、爱劳动、爱读书、懂谦让是最基本的要求。期之殷，责之严，让我们在成长的同时，不断改掉身上的许多坏习惯及不良行为。父亲常对他人说到子女的成长问题，他认为家教很重要，缺少家教，孩子肯定长不大的。说实在，在我们身上，父亲他不知倾注了多少心血，正应了那句话：爱得愈深，苛求得愈切。而在孩子们的眼中，父母的一言一行，往往就是孩子们的最直接的示范教材。

父亲16岁时与15岁的母亲结婚，属于"父母之命"下的旧式婚姻。母亲出身于普通渔家，没读过书，但精明练达，贤惠端庄。家里的大事小事多由母亲来料理，井井有条，妥妥帖帖。从少年牵手到白头，两人携手走过66个年头。1960年响应国家精简人员号召，父亲不顾家庭沉重的经济负担，带头动员母亲退职，母亲并无怨言，当起了十分称职的家庭主妇。当孩子们有劳动能力了，父亲便要求孩子们学做家务，扫地、洗衣服、扒草、挑水，让我们从小养成热爱劳动的习惯。1970年前后上山下乡，我们没有一个躲避，经历了艰苦磨炼，没有一个临阵退缩，这也许与从小养成的热爱劳动、不怕吃苦的良好习惯紧密相关。

勤读书求上进，这是父亲对我们的最根本的要求。1962年秋季，父亲调往闽清县武装部工作，正彩也因此转学到闽清小学，因不适应新环境逃学了，父亲没有打骂，而是耐心劝导，并亲自带她到学校，向老师说明原因并道歉。

父亲十分鼓励孩子们去报考大学。1970年爱平上山下乡后被招为县农械厂工人，父亲认为她年纪小，书读太少，动员她回平潭一中读高中，再考大学，无须考虑因赚不了工资而影响到家庭收入。1976年，爱琼因上山下乡表现突出被推荐上大学，却因父亲受审查而无法通过。第二年再次参加高考，达到清华大学分数线，又因父亲还在受审查而失去录取机会。父亲也为此痛心，仍鼓励她不可放弃，终于在第三年报考了政审要求不太严格的冷门专业，录取于福建师大地理系。1978年轮到建春参加高考，情况稍好，但他担心家里缺钱，供不起他上大学，父亲立马许诺：若能考上，我卖掉手表，甚至借债也要供他上大学。正因为父亲的坚持和我们自身的努力，8个兄弟姐妹有7个接受了大学教育，1个中专毕业。诚如一位著名作家说过：爱，像一颗种子埋在了地下，爱的须根深埋在家庭的泥土里，延伸到家庭生活的每一个角落。是的，父亲将所有的爱埋进了儿女们成长的土壤里，在看得见的花果中，浸润着父亲他那无私的爱。

父亲他那宽厚的胸怀，同样包容其他的至亲好友。爷爷是吴家的长房长子，他靠着勤劳节俭，挣下一份家业，当年曾以偌大的家产支持过游击队，因土改时评为"地主"成分，一直受到不公平待遇。尽管如此，父亲不避牵连，不忘感恩，无微不至地照顾着爷爷奶奶，甚至被隔离在闽侯南屿接受审查时，也时常嘱咐母亲照顾好老人，直至爷爷病逝。

叔叔一家远在云南，父亲也时常惦记着，每年还要挤出一笔钱，购买家乡的土特产，邮寄给叔叔。小姑一家在县城没有住房，父亲让我们兄弟姐妹挤在大厅睡，腾出一间房子，让小姑一家住了好几年。

有一年，父亲在县武装部的一位下属是福清人，因夫妻长期两地分居而不和，为此父亲除了帮他一家落户平潭外，还让他们在我们家住上好几年。乡下亲友，包括家庭困难的老游击队员，往往在县城看完病，都会被父亲请到家里吃饭或留宿。为了腾出房间，小孩子们睡大厅是常有的事，父亲见到孩子们一脸的不情愿，便会笑着说："我们家就是客栈，客栈就是要让人住宿吃饭的吧！"

父爱如山，深情似海。这篇短文，很难说尽父亲所给予我们深深的爱、浓浓的情；也很难表达此时此生我们对父亲的感念之心、抱愧之意。古语云，父母者，人之本也。父母的言行举止，塑造着一个家庭或一个家族的形象，而良好的家风家教，如同春风春雨，润物无声。生长于如此氛围中的我们，由衷地感到自豪与骄傲。

父亲他没有走远，音容宛在，可闻可见；长天碧海，星辰闪烁，那永恒的光芒，照亮着我们前行的路……

这部《海坛英彦——共和国解放勋章获得者吴兆英传》的撰著和出版，得到了有关领导和朋友的大力支持和热心帮助。年高德厚的福建省政协原主席游德馨亲自为本书题词写书名。年已九十的老作家冯秉瑞为本书辛勤撰著，其女冯榕倾力协助。平潭籍著名作家杨际岚、吴金泰在百忙中分别为本书写序。平潭民俗专家赖民花了3年多时间搜集资料，撰写了一部35000多字的《忠魂耿照——吴兆英的人生岁月》传记，成为本书的主要参考资料之一。父亲的老战友周而福、王祥和、刘益泉、吴国共、吴正寿、赖万里、徐兴禄、吴章灿、刘宝珍等提供了许多传主生前的英雄事迹。福建省发改委研究员周裕惠、平潭县水利局原局长余乃枨、平潭综合实验区工商界联合会秘书长丁瑞武、平潭海峡青年创业促进会执行会长谢道猛热心为本书搜集了许多宝贵的资料。平潭县政协原主席翁晓岚，平潭综合实验区党校副校长林峰和蔡荫、许恒伟、詹立新等三位主任，平潭国彩村乡贤吴国、吴家，国彩村支部书记吴勇，平潭革命史研究会会长张方林、书记方良文、秘书长林绍宁，都对本书的撰著和出版提供了各种有益的帮助。在此一并表示衷心的感谢！

正秉　建春　建明　建岚

正彩　正荣　爱平　爱琼